产城融合发展理论与模式创新研究

郭莉滨　著

本书获得重庆市高等学校优秀人才支持计划"国家中心城市框架下的大都市空间布局优化机制及对策研究——以重庆大都市区为例"（渝教人发〔2017〕29号）、重庆第二师范学院科研平台"重庆市儿童体适能发展研究中心"（平台编号16xjpt02）的资助。

科学出版社

北京

内 容 简 介

　　本书主要围绕产城融合发展理论与模式创新进行深入探讨，内容包括城市及产业概述、产城融合发展的科学内涵与内在机理、我国产城融合发展概况分析、国外产城融合发展的案例分析与启示、国内产城融合发展的案例分析与启示（以重庆市为例）。

　　本书内容翔实，逻辑清晰，与时俱进，理论性较强，可供城市学专业方向的教师及学生阅读，也可供相关研究人士参考阅读。

图书在版编目（CIP）数据

产城融合发展理论与模式创新研究／郭莉滨著.—北京：科学出版社，
2020.1
　　ISBN 978-7-03-062698-1

Ⅰ.①产⋯　Ⅱ.①郭⋯　Ⅲ.①城市化-研究-中国　Ⅳ.①F299.21

中国版本图书馆CIP数据核字（2019）第233627号

责任编辑：万瑞达　李　雪／责任校对：赵丽杰
责任印制：吕春珉／封面设计：东方人华

科 学 出 版 社 出版
北京东黄城根北街16号
邮政编码：100717
http://www.sciencep.com
北京虎彩文化传播有限公司 印刷
科学出版社发行　　各地新华书店经销

*

2020 年 1 月第 一 版　　开本：787×1092 1/16
2020 年 1 月第一次印刷　　印张：10 1/4
字数：242 000
定价：58.00元

（如有印装质量问题，我社负责调换〈虎彩〉）
销售部电话 010-62136230　编辑部电话 010-62135763-2013

前　　言

自从城市产生的那一刻起，产业就与其有了紧密的联系。然而，在城市进一步发展中却出现了城市与产业相互隔离与分离的问题，如果这一问题不能得到有效解决，那么很有可能会出现"城市破产"。由此可见，产城融合是"城市社会"发展时期需要认真研究的新问题与重要问题。"产城融合"发展是指在城镇化进程中产业与城市相互配合、良性互动，从而共同促进城市持续健康发展、推动现代文明进步和提高广大人民群众生活质量。

近年来，我国有关产城融合发展方面的研究比较薄弱，为了给我国产城融合发展提供有效的素材与案例，作者撰写了本书。

本书分为5章，第一章主要围绕城市与产业进行大致阐述，包括城市的本质与结构、功能与作用及规模与体系，产业的内涵与外延等内容；第二章重点探讨产城融合发展的科学内涵与内在机理，内容包括产城融合科学内涵的理论分析与实践界定、产城融合发展的相关理论、产城融合发展的内在机理与动力机制；第三章针对我国产城融合发展概况展开分析，从我国城镇化发展概况、产城融合发展模式、产城融合发展实践及产城融合发展问题等几个方面深入论述与剖析；第四章主要围绕国外产城融合发展的案例进行讨论，从国外城市产城融合发展的特点到经典案例，最后得出对我国城市发展有意义的经验与借鉴；第五章对我国产城融合发展的案例进行研究，主要以重庆市为例，讨论国内产城融合的模式创新与对策，主要包括重庆市产城融合发展概况分析、重庆市产城融合发展的模式及政策体系、促进重庆市产城融合发展的对策等。

本书力图从基本概念出发建立基本理论体系，同时结合一些最新的案例，以激发读者的阅读兴趣，增强读者对产城融合发展理论与创新模式的认识，并起到抛砖引玉的作用。

本书是在参考大量文献的基础上，结合作者多年的教学与研究经验撰写而成的。作者在撰写本书的过程中，得到了许多专家学者的帮助，参阅和吸纳了许多研究者的相关成果，在此谨表示诚挚的谢意。作者在研究产业状况时对重庆市体育产业进行了专题调研，得到了重庆市儿童体适能发展研究中心的大力支持与帮助，在此表示真诚的感谢。鉴于本书重点讨论产城融合发展的模式与机制，因此对体育产业方面的研究内容不做深入阐述，将在后续论著中体现此部分研究成果，借此机会特别说明。

由于作者的水平有限，本书虽然经过了反复修改，但是难免存在疏漏，也可能欠缺理论的通透性及严格的计量分析，恳请广大读者指正。

作 者

2019年1月

目　　录

第一章 城市及产业概述

20世纪70年代之后，随着我国改革开放的顺利展开，新技术革命的浪潮渗透到我国社会发展的方方面面，我国城镇化进程逐渐加快，城市面貌发生了翻天覆地的变化。城市的经济发展，逐渐从第一产业、第二产业向第三产业转型，各种新兴产业相继出现，不仅为人们的日常生活提供了诸多便利和选择空间，而且极大地促进了我国经济的发展。

由于我国地域广阔，民族众多，不同城市之间的地理位置、交通状况、资源储备、人才数量等影响经济发展的因素各不相同，从而造就了我国不同城市之间产业经济发展的情况和模式也各具地域特色。由此可见，无论何种产业的发展都要植根于当地的城市发展客观条件。

我国改革开放已经历时四十多年，国家经济改革一直持续稳定地推进，并且取得了举世瞩目的成就，但我国东西部地区经济发展依然不平衡，这是我国现代化转型过程中无法避免的问题。要实现共同富裕和建设社会主义现代化国家的目标，我国西部城市产业经济的发展至关重要。本章将对城市学和产业经济学的理论与原理进行详细介绍。

第一节 城市的本质与结构

人类居住的城市产生很早，但人对城市的认识却是一个由浅入深的过程。著名城市理论家刘易斯·芒福德曾说："人类用了5000多年的时间，才对城市的本质和演变过程获得了一个局部的认识，也许要用更长的时间才能完全弄清它那些尚未被认识的潜在特性。"[1]可见，人类对城市的认识和研究是一个动态的过程，随着城市的发展，人们对城市本质的了解将会逐渐全面和深入。

---

[1] 刘易斯·芒福德：《城市发展史》，宋俊岭、倪文彦译，中国建筑工业出版社，1989，第1～2页。

一、城市的本质

城市与农村都是由人口聚集而成的社群组织，二者之间既容易区别，又难以抽象地概括。对于这样一个包括经济、社会、政治、文化等诸因素的巨型系统，我们对城市的认识首先是从直观的表象特征开始的。

从农村进入城市，首先看到的是摩肩接踵的人潮、川流不息的车流、鳞次栉比的高楼、琳琅满目的商品，其次是高科技的工业生产和完善的服务体系。这一切均是城市最直观的表象特征。

随着城市生活经历的增加，人们对城市特征有了更深刻的认识，城市的深层特征可归纳为4个方面：一是城市生产和生活功能的多样化；二是生产日趋智力化，高、精、尖的科学技术被广泛用于生产领域，大大提高了生产效率；三是城市生活日趋社会化，广泛的分工合作提升了人们的劳动技能，提高了效率，节省了时间，促进了生产和生活诸要素的凝聚，人与人之间的联系更加密切；四是城市空间系统日趋开放化，城市空间向周围农村延伸，功能辐射到整个区域。城市既是输入原材料、燃料、食品、信息等的中心，又是输出制成品和废料的中心。

综合来讲，相对农村而言，城市具有如下特征：一是具有关系复杂的人群，不同背景、不同职业的人聚集在城市，组成关系复杂的社会群体；二是具备发达的生产力，城市既是一个地区社会生产力发展水平的集中体现，又是孕育先进生产力的摇篮；三是具有先进的思想文化，城市社会成分多样，各种思想流派和艺术门类相互交融碰撞，由此不断创新，成为各种变革思潮的策源地；四是承担重要的社会职能，一般来说，城市是周围地区甚至更大范围内的政治、经济、文化或交通中心，在区域社会经济发展中发挥着龙头作用；五是具备完善的基础设施，城市集中了一个地区先进的生产力，有能力建造更适合自身发展需要的设施，从而提高整体生产效率，增加居民的生活舒适度；六是形成庞大的规模，城市通常集中了一个地区主要的非农业社会活动，功能复杂，规模庞大。

当然，城市的上述特征只是与农村相对而言的，而不是绝对的。事实上，无论是城市还是农村，都是居民点，都在发展和演变。农村可以发展成为城市，城市也可能蜕变成为农村。

二、城市的结构

城市是一个开放的有机系统，由合乎规律的严密结构组成。分析城市结构，可以先从局部开始了解城市的内部构成，了解城市每一部分的特点及部分与部分之间的关系，从而在深层意义上了解城市的根本属性。从静态角度看，城市结构可分为地域结构和内部结构两个方面。从动态角度看，城市又处在不断的运动与变化之中。

（一）城市地域结构

城市地域是城市在一定区域内所处的位置和范围。城市是不断变化的区域实体，城市地域在较短时间内表现为静态位置关系，在较长时间内则展现出动态的演化过程。早期城市地域划分标准主要是人口密度和土地利用状况。许多国家据此制定了城市地域划分标准。美国有标准大城市统计区（standard metropolitan statistical area，SMSA）和城市化地区（urbanized area，UA），日本有标准城市地区。

美国标准大城市统计区是美国政府划分城市地域的方法，具体指标为：第一，具有 5 万以上人口的中心城市或由总人口 5 万、两个相连城市共同组成社区，其中较小城市人口不低于 1.5 万；第二，包括中心城市所在县（州以下最大行政单位）的其余部分。而城市化地区则要具备以下几个条件：第一，2500 人以上的行政地区；第二，2500 人以下时必须是 100 户家庭以上的集聚地；第三，每平方英里①1000 人以上的统计合计区。日本政府参照美国标准大城市统计区提出"标准城市地区"，标准为：中心城市人口 15 万以上，是市政当局或者县当局所在地；与中心城市依次连接、社会经济联系紧密的城镇村落。

目前中国城市地域主要从行政上加以划分。但不管从哪个角度、按何种方法来划分，城市地域都由两个相互联系的部分构成：一个是已经成为市区的建成区，另一个是正在城市化、与市区联系频繁的郊区。

1. 城市地域结构的内涵

城市地域结构是城市功能组织在地域空间上的配置，是城市功能在地域空间上的表现。城市的各种功能都是由城市地域承担的。城市内部可分为执行商品流通功能的商业区、生产加工的工业区及市民生活区等。这些区的功能之间存在明显差别，这些差别使城市地域内部出现不同的组合格局，这就是城市地域结构。城市地域结构是由城市职能分化带动形态分化造成的，且随着社会发展，现代化进程越快，变动的频率就越高。

2. 城市地域结构理论

为揭示城市发展规律，城市学家对城市地域结构提出了许多假说和模型，其中较典型的有以下几种。

（1）同心圆模型

美国社会学家伯吉斯 1923 年提出的同心圆模型是最早关于城市地域结构的理论。

---

① 1 平方英里≈2.59 平方千米。

伯吉斯对美国芝加哥市进行研究后，总结了城市社会人口流动对于城市的五大功能，即向心、专业化、分离、离心和向心性离心。在这五大功能的综合作用之下，城市发生由内向外的同心圆移动。他认为城市内容、功能地域均是按照同心圆状配置的，围绕城市中心形成了多种环带，如中央商务区（central business district，CBD）、过渡带（zone of transition）、工人住宅带（zone of workingmen's homes）、中产阶层住宅带（zone of better residences）、通勤带（commuter's zone）等。

（2）扇形模型

扇形模型由美国社会学家霍伊特于1939年提出。他认为城市地域并非同心圆状的形态，而是受到交通线的影响。城市中心功能地域在向外扩展时因为土地使用的要求，功能地域往往会按一定方向延伸，且方向性特别强。例如，低租金的地域可从城中心一直延伸向郊区，形成扇形。形成扇形的原因就是受到交通干线从城中心向外辐射的影响。功能地域沿着交通线路扩展，使得城市地域呈扇形向外分布。扇形模型是在同心圆模型基础上发展起来的，着重强调交通线的作用，可以说是同心圆模型的变种，其不足之处在于仅凭房租这个单项指标来研究城市运动，而没有考虑其他因素对城市地域分化的影响。

（3）多核心模型

多核心模型由美国社会学家哈里斯和乌尔曼于1945年提出。他们认为同心圆模型和扇形模型城市只有一个中心，可是很多城市却有着两个以上的市中心，或一个市中心及数个副市中心。前者源自两个以上的城市，当两个区域扩展连成一片时，一定会有多个市中心。而后者则是因为城市扩展产生了副市中心以代替市中心的部分功能。多核心模型强调了城市地域分化发展到一定程度后会产生离心作用，强调了郊区的存在和交通条件、生态环境对城市地域分化的影响，缺点是对城市多核心间的职能联系讨论较少。

（4）城市域模型

城市域模型由美国社会学家万斯于1977年提出。万斯首先提出了远方城市核的概念，他认为人口向郊外的扩展使城市郊外中心（核）得以形成，城市中心和郊区互相作用的程度及等级因此降低；其次是郊外城市的兴起，因为与城市中心的联系有所降低，郊外城市渐渐地加强了"自我维持"，并且最后脱离了CBD，形成了新的城市中心，其功能超过了原来的城市中心。现代大城市有多个分离的城市域，每个城市域均明显地呈现出其经济、社会方面的重要性。

城市域模型与多核心模型相互联系，又存在区别。两者的共同点是均注重地域分化中离心倾向的存在和影响，并且由此出现了多个核心。但是，两者在表现城市地域离心化程度及阶段上又存在差别：多核心模型描述的是离心化初期城市地域分化状况，当时城市次核心刚刚产生，还不具备与中心城市城区相抗衡的能力；而城市域模型表现的是离心化中后期城市地域分化状况，强调郊外中心与中心区域的抗衡。

归纳上述观点可以得出如下结论：城市内部结构随着新的分化因素渐渐地产生并加强，由简单至复杂；城市地域分化过程始终都有向心力和离心力两种力量，向心力使城市要素能够集中，使得城市产生环状结构，而离心力则使城市要素外迁，促使多核心城市产生，甚至形成了远方核心的独立，而且在功能和影响力方面超过了城市中心。这些城市地域结构理论从这两个方面揭示了城市的形成与发展过程，对于理解城市的发展具有启发作用。

（二）城市内部结构

如果从城市内部分析，城市结构又可以分为经济结构、社会结构、设施结构、空间结构和生态结构5个部分。这里主要介绍城市经济结构、城市社会结构和城市生态结构。

1．城市经济结构

（1）城市经济结构的分类

城市经济是自然、经济、社会的复合系统。城市经济结构按照不同标准、采用不同方法、从不同角度可以划分为多种类型。中国城市经济从所有制角度可分为国有、集体、合营、外资、合资、私营和个体经营等；从产业结构角度可分为第一产业、第二产业、第三产业等。从城市学联系最密切的角度看，城市经济结构划分有以下3个视角。

1）依据经济社会职能和活动方式及对城市经济的作用可将城市经济结构分为主导产业部门、配套产业部门及支持、辅助产业部门。主导产业部门是城市产生与发展的决定性部门，它决定城市的建立、性质及类型，也可以称其为城市经济形成和发展部门。配套产业部门是围绕主导产业部门建立起来的，主要包括与主导产业配套的生产部门、专用或者通用设备制造部门、综合性信息和咨询部门、综合利用部门等。支持、辅助产业部门主要是为大多数企业提供一般性服务的部门，如船舶修理、包装、印刷等，也包括为城市经济和居民生活提供一般服务的部门，如交通、邮电、供水、能源及饮食、园林、绿化、环境、环卫等。支持、辅助产业部门为各城市所共有。

2）根据城市设施可将城市经济结构分为上部结构与下部结构。上部结构主要是指生产经营、商业及科研文教等，决定城市的产生、发展、类型及性质；下部结构包括交通、道路、热力、煤气、排水、电力、通信、园林及绿化等，是服务于城市的部门。

3）根据经济功能和市场可将城市经济结构分为输出产业和地方产业。输出产业是把城市以外（全国乃至国际市场）的需要作为对象，从事商品和劳务输出的产业；地方产业是因输出产业而派生出来的，或者是为满足城市居民日常生活的产业。输出产业是城市持续成长的动因，处于支配地位。城市规模、性质、功能、类型等主要由输出产业决定；城市间的差别也通过输出不同产品来体现。地方产业是为输出产业服务的，城市间地方产业差别微小。

（2）城市经济结构的特点

1）城市经济结构在国民经济结构中起决定作用。虽然城市经济结构和农村经济结构共同组成国民经济的总体，但其中最重要、起决定作用的是城市经济结构。

2）城市经济结构是多系统、多部门、多层次的，并且规模大，结构复杂。城市经济综合体由许多产业、行业、部门和企业组成，每个产业、行业和部门不仅从事其专门经济活动，而且相互依存、相互制约，从而构成一个完整的城市经济结构。

3）城市经济是建立在市场经济基础上的，市场经济居主导地位。现代城市本身就是市场经济最发达、商品交换最活跃的地方，没有市场经济就不可能有现代城市。因此，城市经济结构受市场经济影响。

（3）城市经济发展的动力和原因

关于城市经济发展的动力问题，相关学者提出许多理论予以阐释。

1）城市和区域产业部门理论。英国经济学家克拉克及费希尔提出三大产业部类的划分。他们通过对很多国家及地区不同时期经济发展过程的研究，发现人均收入及人均生产能力的提高是伴随产业结构的改变而改变的。从发展趋势看，第一产业就业人口及投入资源所占比例逐渐下降，第二产业逐渐上升；但是，相对第三产业所占比例的上升，第二产业和第一产业就业人口及投入资源所占比例均随之下降。

城市和区域产业部门理论认为，这种产业部类间相对关系的改变与劳动分工的发展演变是城市和区域发展的主要动力，而促使产业结构改变的原因是人们对各产业产品的需求弹性存在巨大差异。随着生活水平的提高，人们对第二产业、第三产业产品需求大大超出对第一产业产品（如粮食等农产品）的需求，造成生产要素（如劳动力、资本等）的再分配，促使需求弹性高的产业部类迅速发展。由于第二产业、第三产业部类生产力提高程度快于第一产业部类，这些部类产品更容易获取较高的经济效益。这也促使收益较低的产业部类劳动力和资本向收益较高的生产部类转移，从而促进这些产业部类的扩张，改变各产业部类间的比例关系。

2）发展阶段理论。发展阶段理论为部门理论的发展与延伸。该理论认为区域发展是一种内部发展过程，一般会经历以下 5 个阶段：一是自给自足发展阶段，这个阶段区域经济比较封闭，几乎没有外来投资和贸易；二是简陋乡村工业发展阶段，这个阶段因为交通发展产生了贸易、劳动分工及职能专门化，但新的劳动阶层与农业还有密切联系；三是农业结构变动阶段，这个阶段贸易逐渐增多，区域内的农业逐渐从粗放型转向集约型生产；

四是工业兴起阶段，这个阶段人口增加迫使区域谋求发展工业并促使专业化程度不断提高；五是第三产业发展阶段，这是区域经济发展的最后阶段，第三产业得到发展并向不发达地区输出资本、技术和专业性服务。

在上述各阶段发展过程中，工业组织结构也有非常大的变化。随着这些变化和各产业部类间关系的调整，区域人口分布及聚居模式也有了非常大的变化，人口渐渐地由乡村流入城市，由小城镇流向大城市。

关于城市经济发展的动力虽有多种观点，但其共同点是把经济发展看作城市发展的源泉，其中起决定作用的是产业结构，特别是主导产业结构。

2．城市社会结构

城市社会结构包括4个部分，分别是城市政治结构、城市文化结构、城市人口结构和城市职业结构。

（1）城市政治结构

城市政治结构包括两个方面的内容：一方面是各种政治组织的构成及相互关系，另一方面是社会成员之间的各种政治关系。

不同国家城市的社会性质不同，政治关系和政治组织也不同。中国城市的政治组织主要有中国共产党领导下的各级政治组织、各种群众组织（工会、共青团、妇联等）及各民主党派等。中国共产党是国家和社会的领导力量；城市的政治组织是城市最高行政机构；群众组织和民主党派则是各阶级、阶层的政治组织。城市各种社会组织成员之间的关系、与人民群众的关系，均为社会成员间的政治关系。除此之外，还有宗教和民族关系等。

（2）城市文化结构

广义的城市文化是指人类社会历史实践过程中所创造的物质文化和精神文化的总和，也就是说，人类改造自然和社会过程中所创造的一切。狭义的城市文化专指精神文化，包括所有精神产品的生产、传播、利用及储存活动。狭义的城市文化结构大致包括城市中从事精神产品生产、传播、利用和储存的行业构成、规模及比例，文化事业发展速度与社会需求的关系，文化设施的规模、配置和布局，文化指导机构设置及与文化事业单位的关系等。

（3）城市人口结构

城市人口结构可分为人口内部结构和人口外部结构两个方面。人口内部结构主要包括年龄、性别、民族、职业、文化、宗教信仰、生产人口与非生产人口、收入、技术等方面，其中，年龄、职业、文化结构对城市影响最为明显。人口外部结构是指人口与外部物质条件的比例关系，如人均占有生产资料、生活资料的比例等。一般来说，衡量与分析城市人口结构的重要指标包括流动人口结构、常住人口规模结构、人口社会构成、人口自然构成、城市年龄结构、人口在业结构等。

（4）城市职业结构

城市职业结构是社会结构发展变化的内在表现。职业不仅代表了社会阶层，还包含了权力、财富和声望。在社会结构研究中，职业结构同时是社会结构变动的原因和结果。

3. 城市生态结构

20世纪20年代，一些社会学家和地理学家主张把研究人类与环境之间关系的学科称为生态学。为了与生物学界的生态学区别开，可以称为人类生态学。生物与环境之间的关系表现为生物消极、被动适应环境，而人与环境之间的关系则表现为人类积极、主动改造环境。环境是对主体关系而言的，任何事物都存在于一定环境中，环境是占据一定的空间，构成主体存在条件的物质实体和社会因素。对于城市居民来说，整个城市的空气、水体、土地、树木、花草、建筑、道路及各种设施、社会秩序和风气等，都是生存和活动的环境。

生态系统结构由生物群落与非生物环境构成，前者包括生产者（能进行光合作用的绿色植物）、消费者（以植物为食的植食动物和以动物为食的肉食动物）、分解者（分解有机物的微生物）；后者主要包括无机物质（碳、水、氮、氧、矿物盐等）和气候状况（温度等物理因素）。生态系统的功能是指生物与非生物之间的物质交换和能量转化。生态系统是动态的，其结构和功能都随时间变化而变化。系统中的生物有出生、死亡、捕食、被食、迁入、迁出，而系统中的物质（水分、养料）和能量有迁移、转化、补偿、交换。当系统内外物质和能量输出与输入接近相等时，生物种类和数量将保持相对稳定，这就是生态平衡。

城市生态系统是以人类社会为主体的，也可以称为人类生态系统，包括社会结构（人口、劳动力、智力等）、人工结构（房屋、道路、管线和其他设施）、资源结构（土地、淡水、食物、能源等）及环境结构（大气、水域、绿地等）4个方面，并具有以下几个特点。

1）城市生态系统以城市居民为主体，以城市自然和城市设施为环境。生物在自然生态系统中按照食物链和营养级关系形成生态系统金字塔，各营养级产量呈金字塔式逐级递减［图1-1（a）］。而在以人类为主体的城市生态系统中，植物和动物的地位急剧下降，生物数量呈倒金字塔形［图1-1（b）］。

2）城市是具有人工化环境的生态系统。城市无机环境（如土地、水体、大气等）被人工改造，土壤被覆盖水泥或柏油之后，不仅抑制了微生物活动，而且减弱了地面吸水和吸热，增加了地面增温效应。城市地形被现代高楼大厦所覆盖，造成太阳辐射在建筑物间来回反射，加上人体和锅炉等热源，形成"热岛"效应。

3）城市生态系统依赖性较强，独立性较弱。城市要依靠农田生态系统输入粮食、依靠草地生态系统输入肉奶、依靠矿山生态系统输入燃料、依靠河湖水库生态系统输入淡水和水产，还要依靠其他生态系统接纳或排废物。其中某一环节发生变化都会影响人们的生活。

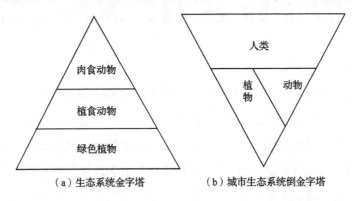

（a）生态系统金字塔　　　　（b）城市生态系统倒金字塔

图 1-1　生态系统金字塔与城市生态系统倒金字塔

第二节　城市的功能与作用及规模与体系

城市结构与城市规模有着密切联系。城市结构量及程度决定城市规模；而城市规模是否合理又决定城市运转状况和城市经济效益。因此，本节将重点论述城市的功能与作用及城市的规模与体系。

一、城市功能

城市功能是指由各种结构性因素综合决定的城市内部机能，而它在与其他区域或城市的联系中直接或者间接发生的影响即为城市作用。

城市功能是城市作用的内部机制，没有城市功能作为基础，城市对外作用也就得不到发挥，其内部机制的优劣和对外作用的大小是成正比的。城市作用则是内部机制的外在表现。开放性是城市的固有特性，因而内部机制必然表现为外部作用，对全国或区域产生影响，只有这样城市才能获得发展和繁荣。这也是由城市的主导产业的外在性决定的。城市的功能主要可以分为以下几种。

（一）基础功能

1. 承载和包容功能

承载是城市最明显的功能。城市就像由区域构成的容器，依靠大地、岩基、山湾、水域等环境要素，包容、承载着人类各种生产、生活和文化设施。城市的承载功能是有限的，由城市生态基础、环境要素的有限性所决定。所谓生态基础，包括空间尺度、水源数量及质量、岩基、土壤、大气质量状况等。如果城市人口超过承载限度，城市的承载功能就会遭受破坏。

2. 养育功能

城市是人类生活的地域，养育人类的功能在基础功能中占有重要地位。城市的生产及生活设施结构合理与否，数量充足与否，质量可靠与否，配置恰当与否，都会对城市的运营产生影响。发达的基础设施构成了城市第一位的物质特征，其数量及质量决定了城市质量及居民生活质量。基础设施匮乏或者出现差错均会给居民生活造成很大的影响。

3. 储存和延续功能

城市储存着人类物质文明和精神文明，并能把它们传给后世，并流传下去。这种储存和延续功能实际上是承载功能的延伸及继续。储存和延续功能依赖于介质（办法、手段）才能实现，包括运用物质的及非物质的、有形的或者无形的载体来实现，同时还要依靠掌握文化技艺的人来传承下去。

4. 吸引和辐射功能

城市的"吸引力"非常大，可以将周围人口、商品和资源等吸引进来，使城市得以进一步发展。首先，城市的发展需要一定的人口数量支撑；其次，城市还会吸收各地的优良产品，形成庞大的商品流通网络。另外，城市还具备辐射功能，可以将自身特色产品及文化传播开来，推动周边地带的发展。

（二）实用功能

1933年8月，国际建筑协会在雅典召开会议，制定了一份关于城市规划的纲领性文件——《城市规划大纲》，即著名的《雅典宪章》。它集中反映了当时"新建筑"学派的观点，提出要把城市与其周围影响地区作为一个整体来研究，并把居住、工作、交通、游乐4项活动列为城市的四大功能。这4项活动还是研究及分析现代城市设计时最基本的对象。

1. 居住和生活购物

1）居住。居住形式的创新是人类进化的里程碑，没有人类聚居便没有房屋密集的城市。房屋是城市有效发挥居住功能的物质载体。

2）生活购物。人们在城市生活，不可避免地需要进行货币与商品交换，以获取生存、生活资料，这就是购物，是人们日常生活中的基本活动之一，同时也是城市的实用功能之一。城市应该为居民购物创造便利条件，如加强商业设施网点建设、提高服务质量等。

2．就业和工作

城市是社会先进生产力的聚集地，所以也是人类生产及工作的主要聚集地。随着第二产业、第三产业的发展，更多的人来到城市寻求发展，为城市人口提供庞大的劳动市场就成了城市的又一项实用功能。城市越大、实力越强、发展越快，它所能提供的就业岗位及类别也就越多。这是由城市的主导产业、配套产业及一般服务业部门共同决定的。

3．交通和通信

1）交通。人们在城市进行政治、经济、文化及社会交往活动时会有位置移动，因而人的位移形成了客运交通，物的位移形成了货运交通。城市为人和物的移动创造的便利条件，提供的必要服务，即为城市的交通功能。城市交通分为对内交通与对外交通，二者相互联系，不可分割，但又相对独立，自成体系。

城市对内交通是连接工作地与居住地及各类活动地点的重要纽带。它是城市的循环系统，任何时刻都不可以受阻，不可以停顿，否则就会造成混乱。城市对内交通由道路系统、车辆结构、控制管理3部分组成，三者必须配套、协调发展。

城市对外交通是城市的重要组成部分，现代化城市的发展离不开发达的对外交通。城市对外交通的运输方式包括铁路、公路、水路、航空和管道等。它对城市布局、发展、土地的合理使用有着非常大的影响。

2）通信。城市还是信息密集和信息传递与反馈频繁的场所。现代城市是"信息化城市"。信息不仅是重要的产业，而且是重要的资源。信息在城市中的传递反馈依赖于通信建设，包括邮政、网络、电报、电话、传真等。通信是城市的神经系统，是城市重要的一项实用功能。

4．休闲娱乐

娱乐不仅是恢复体力、调剂精神的活动，也是人们思想、情感、信息交流的有效途径。居民需要劳动工作，也需要休闲娱乐。娱乐还有增长知识、陶冶情操及塑造心灵的作用，所以说它也是提高城市居民素质的一项基本功能。一个城市若没有足够数量及一定质量的休闲娱乐设施就会没有生气和活力，也会对城市居民的思想产生无形的、消极的影响。

城市休闲娱乐功能在古代就受到重视。14世纪，英国政府规定每个城镇有供射箭比赛的场所。20世纪六七十年代，欧洲不少国家掀起加强城市休闲娱乐功能的浪潮，除了要求提供游泳池、图书馆、游乐场地及公园以外，还要提供一些新的休闲娱乐设施，如健身场所、游艇区、骑射场、大戏院、野餐营地、音乐厅等。例如，英国的一些城市建立了"闲暇理事会"，为公众消遣提供服务。

（三）潜在功能

城市的潜在功能具有更高级一些的文化人类学功能特征。

1. 交融和创新功能

交融和创新功能实际上指的是城市各要素在密集环境中共处和产生的相互作用，包括物质间（如自然地形、地势及城市轮廓之间）、人群间（如本地人与外来移民之间）、物质环境和人类间（如古城和历代居民之间）的交互作用。它体现在当地的人文精神、城市景观、思想、地方观念及情感、民族风俗等诸多方面。人类文明是在不断交错、反复、互补、创新中进行的。这个过程中城市发挥了极其重要的作用。

2. 文化教育功能

城市区别于农村的重要特征之一是文化发达。城市之所以能快速地传播文化与教育，是因为有其历史积淀与相关文化设施。这些设施包含文化机构、文化产品、纪念性历史建筑及历史文物。

3. 组织和控制功能

城市是政治控制与社会控制的中心，通常承担周边地带行政领导中心的职责。相比于农村，城市内部组织性更强，更侧重于遵守共同的规律及节奏。城市居民由这些机构与制度融合到一个社会有机体中，依据基本统一的方式，进行规律生活和工作。这些均为城市高度组织和控制的体现。

二、城市作用

城市作用是城市功能（内部机制）及整体效益在与外部联系中的发挥和体现。城市对国家建设和社会经济发展的贡献主要取决于城市作用的大小，因此，城市作用是判断城市存在价值的重要标志。

城市的中心作用是由城市集聚的根本特征及可以产生集聚效益的本质所决定的，表现为城市的吸引力及辐射力。人口、资金、人才、文化、物资等往往会向集聚效益高的地方也就是城市流动。从纵向看，城市中心作用将在人类社会进程中长期存在，直到城乡融合。从横向看，城市中心作用是所有不同性质、不同规模、不同等级的城市共同具有的普遍规律。

（一）城市中心作用的类型

城市主导功能一方面决定城市性质，另一方面又在对外联系中体现为城市的中心作用。现代城市的复杂性使得城市的主导功能具有多类型特点，因此，城市的中心作用也是多类型的，这就是说，现代城市可以在政治、经济、文化、科技、信息等多方面发挥辐射作用。城市中心作用随城市主导功能的变化而变化，具有以下特点。

1．由单一的初级阶段向多元化的高级阶段发展

古代城市主要履行政治、军事防卫功能，发挥政治中心和军事中心作用，而现代城市已经作为工业生产基地和商业金融中心，主导功能和中心作用日益多元化。城市显示出多方面的吸引力和辐射力。例如，首都、省会或首府城市一般是经济中心、经济管理中心或信息中心；工业城市是交通中心、流通中心、科技中心和信息中心；沿海港口城市为适应对外贸易的要求多是航运中心；交通城市由于具有优越的地理条件，往往成为商品集散和物资流通中心；具有悠久历史的古城必然是文化中心和旅游中心；等等。

总之，现代产业间相互联系、相互渗透的普遍性和复杂性使城市中心作用具有较快的发展趋势，现在已经很难找到只具有一种中心作用的城市。但在城市宏观管理和布局上必须突出城市的一两种中心作用，这样才有利于城市自身建设和发展。

2．随各种条件变化而变化

例如，省会迁移，其原有的政治和行政管理中心作用就会消失。珍贵文物或古迹的发现会使文化古城进一步加强其文化中心和旅游中心作用（如秦始皇兵马俑的发现）。另外，国家对小城市的重点建设也会使其增强或改变原有的中心作用（如宝安县升级为深圳经济特区）。再者，城市的产业结构、生产能力、产品质量、经营方式、管理水平及人员素质等也都是经济建设的可变因素，均可能引起城市功能和中心作用的变化。

（二）城市中心作用的表现形式

由于机制不同，城市中心作用会表现为不同的形式。

1．示范作用

示范作用是城市中心作用首要的表现形式。城市生产效率高、经济繁荣、科技先进、教育发达，在经济发展和城市建设方面积累了丰富经验，就会产生巨大的辐射力，在一定范围内起到示范作用。虽然每个城市的具体情况不同，但还是会有很多共性，因此，城市的示范作用具有启发和推动的效果（如经济特区）。

2．辐射作用

辐射作用是指城市经济、文化实力增强后以产品、技术、人才、社会意识等形式向周边地区和城市扩展，其作用大小取决于城市实力强弱。中小城市只要建设合理，发展较快，具备一定实力之后，也可以对大城市产生辐射作用（如无锡、常州、苏州等城市）。

3．领导作用

领导作用是指在我国市管县体制下，城市建制的市对所辖县、县级市和农村发挥的作用。

（三）城市中心作用的制约因素

城市中心作用的发挥会受某些因素制约，主要包括以下几种。

1）城市本身的建设水平。城市外部作用与内部功能建设密切联系，不可分割。城市的中心作用主要取决于城市本身的建设水平，如产业结构是否合理，基础设施运转是否协调高效，科学技术和文化教育事业是否适合城市发展，商业和服务业能否满足社会需要，自然环境与社会环境是否能为居民安居乐业创造有利条件，等等。

2）城市的开放程度。城市的开放程度只有在城市与外界联系中才能体现出来。开放是城市的特性，而现代城市的开放性更强。

3）城市居民的思想开放和文明程度。城市中心作用的发挥，还与城市居民的思想开放和文明程度紧密相关。一般而言，城市经济越发达，城镇化、国际化程度越高，城市居民的思想越开放，文明程度也就越高。同样，城市居民的现代化意识和公民意识越强，对城市现代化进程的反作用越大，对城市文明、文化的推进力度也就越大。

三、城市规模

城市规模的含义包含两层：一是城市总规模，是指国家城市数量与城市人口数量占全国总人口的比例，它反映的是一个国家的城市化水平；二是单个城市规模，是指每个城市的人口数量、用地数量及经济实力。本节则针对单个城市规模进行探讨。

（一）城市规模划分标准

城市规模的衡量指标为城市人口、用地及经济发展规模，一般用城市人口数量、占用土地数量及国民生产总值表示。因为人口数量（在我国主要为市区非农业人口数量）具有综合意义，容易统计及计算，所以成为衡量城市规模的一项基本指标。世界各国通常用此划分城市规模或者等级，不过标准并非完全一致。下面就以中国城市规模划分标准为例，介绍几种城市划分方式。

1. 按行政等级划分

1）直辖市：属于省级行政单位，是直属中央政府管理的省级行政单位，与省、自治区、特别行政区均为最高一级行政单位，如北京市、上海市、天津市、重庆市。

2）副省级城市：是中国行政架构为副省级建制的省辖市，其前身为计划单列市，行政级别正式施行于 1994 年 2 月 25 日，副省级城市的建设，不仅有利于加快城市的经济与社会发展，而且有利于更好地发挥中心城市的辐射作用。目前我国共有 15 个副省级城市，包括 5 个计划单列市，以及广州、杭州、南京、济南、沈阳、长春、哈尔滨、武汉、成都、西安 10 个省会城市。重庆曾是副省级城市，1997 年恢复为直辖市。

3）计划单列市：全称为国家经济与社会发展计划单列市，是享有省一级的经济管理权限的非省级行政中心副省级城市，是省级单位对所辖大城市下放部分经济管理权限的城市。目前，国家计划单列市有 5 个，分别是大连、青岛、宁波、厦门和深圳，均享省一级的经济权限。虽然国家计划单列市同其他 10 个副省级城市同属一个级别，但概念上已有所区别，5 个国家计划单列市的经济政治地位略高。

4）地级市。我国实行省（自治区、直辖市）、县（自治县、市）、乡（镇）三级地方行政区划体系。地级市作为区划概念代管县级市，归属"准行政区划"管理，承袭原属准行政区划"地区"的管理体制。管理层级介于省级行政区与县级行政区之间，属于地方政权；由于其行政地位和地区（地区行政专署）相当，所以被称为地级市。地级市包括省会城市、副省级城市（含计划单列市）。辖域是县级行政区，包括市辖区、县（自治县）、旗（自治旗），代管县级市。

2. 按城市 IT 级别指数划分

城市 IT 级别指数包括综合人均 GDP、GDP、全市总人口、家庭年人均可支配收入、恩格尔系数、主要电子信息产品销量、软件业规模、上网计算机数量等各项指标，考察城市 IT 市场发达程度，并且通过精细的调查研究、计量研究及案例研究，形成对中国城市 IT 环境现状倾向性、变化趋势及规律性的判定，并且由此形成城市分级标准。通常而言，城市 IT 级别指数在 50 以上的列为 1 级城市；城市 IT 级别指数在 10 以上的列为 2 级城市；城市 IT 级别指数在 5 以上的列为 3A 级城市；城市 IT 级别指数在 3 以上的列为 3B 级城市；城市 IT 级别指数在 2 以上的列为 4A 级城市；城市 IT 级别指数在 2 以下的列为 4B 级城市。

3. 按城市人口数量划分

按照城市常住人口，城市可分为特大城市、大城市、中等城市及小城市几种类型。特大城市是城市规模非常大的城市。联合国把 100 万人作为划定特大城市的下限，各国在各时期的具体分级标准并不完全相同。

（二）城市规模扩展原因

城市规模随城市经济的发展而发展，但受社会经济等多种因素制约，其发展过程中也经历了复杂的历史变化。古代，世界上曾经出现多个规模可观的大城市，不过城市规模扩大并且持续发展则是在工业革命以后。城市规模渐渐扩大，其实是集聚效益造成的。科学技术和社会生产力高速发展导致工业设备越来越趋于大型化、尖端化，生产过程越来越趋于自动化、连续化，市场越来越趋于整体化、国际化。这些都推动了工业企业规模迅速扩大，并且进一步向综合化、联合化、集中化、协作化、社会化方向发展。与此同时，很多城市成为地区、国家，甚至国际交易中心，由此使得城市多功能、多样化服务的作用越来越明显且重要。这些都促使了城市发展及城市规模扩大。

总的来说，城市规模的变化是由城市经济发展引起的，是由社会生产力发展水平决定的，并受到一定社会经济规律支配与制约。

（三）最佳城市规模

1. 最佳城市规模的含义及理论

最佳城市规模也称为合理城市规模，不少学者对此进行过探讨。1922 年，法国学者戈必依提出 300 万人口的"理想城市"。1977 年，美国系统工程学家吉布森提出 3 万人口的城镇规模可成为"人的尺度"，创造出令人满意的环境；当城市人口达到 25 万左右，人们就会享受到大城市带来的好处；人口接近 100 万的大城市相比于小城市会有更多的就业机会。最后他认为，按照城市"自然规模"，不考虑经济因素，那么 5 万人的小城镇最为适当；若考虑经济和其他因素，最佳城市规模应该是 20 万～ 200 万人。

2. 最佳城市规模的衡量标准

衡量城市最佳规模的一般标准：① 职工通勤距离和时间，上班单程不超过 1 小时，否则城市过大；② 城市水源的远近；③ 交通运输、卫生工程、动力供应、道路桥梁等设施和能源对城市人口、城市经济的承受能力；④ 居民住宅拥挤程度；⑤ 城市卫生环境、生活服务设施质量；⑥ 城市病严重程度。

判断城市规模是否合理有许多指标，但根本指标是社会经济效益。因为城市产生和发展的关键是集聚经济效益，取决于经济效益、社会效益、环境效益三者的统一。

3. 最佳城市规模的决定因素

城市规模取决于许多主客观因素，并与国家生产力和科学技术水平有密切关系。决定城市最佳规模的因素：① 国家和地区土地面积、人口数量及其构成。一般来说，一个国家和地区人口总数，特别是城市人口总数越大，分布到每个城市的人口数量就越多。我国人口基数大，因此城市人口绝对数很大。② 生产力发展水平、经济发达程度及城市在国民经济中的地位。城市发展有自身规律性、阶段性和地区差异性。③ 城市体系结构和城市性质、类型及功能。全国经济中心的城市比地区经济中心城市，综合经济中心城市比专业中心城市，综合工业生产基地比单一工业生产基地，省会城市比一般地区政府所在地城市的规模要大。④ 自然条件，包括用地、气候、资源等。城市规模以自然条件为基础，受能源、水源、土地等各种自然资源制约。因此，城市规模涉及环境、生态和卫生等因素。⑤ 国家行政体制。长期实行中央集权制的国家，城市往往比较集中，而且大城市较多，规模较大；而联邦制国家由于行政权力比较分散，城市也随之比较分散，中小城市居多，城市规模较小。

4. 最佳城市规模方针的确定

城市规模方针的确定需要考虑两个方面，一方面是城市历史状况，另一方面是城市当前经济发展状况。城市规模终究取决于经济水平。根据我国经济现状和特点，城镇化是必然结果，一定会有大量的劳动力从农村涌向城市。城市规模扩大及人口增加均是为适应城市功能而出现的。但是，如果大城市比例太高，规模太大，也会产生一些弊病。所以，非常有必要制定科学的城市发展规模方针，从而使城市达到最佳规模。

四、城市体系

（一）城市体系的内容

1. 城市体系的含义

城市体系是为适应商品经济和现代化建设而形成的城市群。它不是单个城市，也不是松散自发联系的多个城市，而是同一区域内若干个不同类型城市以分工协作为纽带而构成的城市群体。城市体系的出现不仅体现了生产社会化程度的提高，还体现了城市自身建设与发展进入新阶段。城市体系可分为城市群、城市带或城市聚集区等不同形式。

2. 城市体系的基本特征

1）整体效应。城市体系内各城市紧密联系，从而构成一个有机整体，任何一部分发生变化均会影响整体发展。

2）层次性。大城市体系包含小城市体系。例如，全国城市体系由大区级（东北、华北、西北、华东、华中、华南、西南）、省区级（省、自治区、直辖市）、地区级（地区市、自治州）、县级（县级市）等层次组成。各层次之间应互相协调，共同促进整体发展。城市体系内各类型城市的多少由区域历史情况及城市布局决定，模式并不统一。

3）开放性。城市体系常与外部环境进行能量、物质、信息的交换。其中一个明显特征就是跨区域的、全国性的甚至世界范围的商品流通、分工协作、资本流动。正因如此，城市体系很容易受外界不确定因素的影响。

4）动态性。城市体系内部的紧密联系和与外部环境的频繁交换使之处于不断的运动变化之中。

3. 城市体系的内在规律

1）城市体系的规模结构规律。城市体系中包含不同规模的城市，根据其规模大小划分的不同等级就是城市体系的规模结构。一般来说，一个城市体系中规模越大的，其城市数量越少；规模越小的，其城市数量就越多。

2）城市体系的规模分布规律。城市体系规模分布规律一般有两个评价指标，也就是首位律和位序—规模律。首位律是由马克·杰斐逊于 1939 年提出的。他在研究中发现一个国家最大的城市总要远大于第二大城市。最大城市吸引的人口占全国人口很大一部分，在经济、政治、社会、文化生活中占有不容忽视的地位。他把这样的城市称为首位城市。首位城市与第二位城市人口的比值称为首位度。首位度是衡量城市规模分布状况的常用指标。首位度大的城市规模分布称为首位分布。这种城市规模分布规律即为城市首位律。位序—规模律也就是把国家所有城市根据人口规模排序，城市在序列中的位置和规模存在规则上的分布，称为位序—规模分布。

3）城市体系的职能结构。各城市在区域中所起的作用往往不同，这是因为城市体系中各城市的职能有着明确而协调的分工。例如，北京是全国政治、文化中心，天津是北方重要的工、商、贸一体综合经济中心和国际性海港城市，唐山钢铁工业发达，承德则是旅游胜地。

4）城市体系的空间结构。一个城市体系中心点（城市）、线（联系通道，如交通线）及面（城市吸引区）三者的空间组合构成城市体系的空间结构。它主要体现为城市体系在一定地域范围内的空间分布、联系和组合状况。城市体系空间结构类型主要有随机型、均匀型和密集型 3 类。随机型即城市分布没有一定规律；均匀型指同级各城市间距离大致相等；密集型就是指城市集聚成群或者成带，内部城市间距小且密，群带与群带间距离大且疏。我国城市体系空间结构属于密集型，城市多沿江、沿海岸线、沿铁路干线密集分布，存在着规模特别大的城市密集区。

5）城市体系演化规律。城市体系处于不断运动变化中，从低水平均衡阶段起步，经过极核发展阶段、扩散阶段，最终进入高水平均衡阶段。低水平均衡阶段主要是指农业社会的城市，商品经济不发达，城市体系规模小，规模等级少，而且职能单一，城市间联系主要以行政及商业为主，分工并不十分明显。该阶段城市空间分布密度低，呈散点状均衡分布。

随着工业化进程的发展，各城市之间集聚，商贸、交通渐渐发达，经济部门增多，规模扩大，水平提高。城市体系进入发展阶段，城市规模急剧扩大。区位优越、经济基础较好的城市迅速成为区域的极核；而区位较差、资源缺乏、经济落后的城市则发展缓慢。低等级城市变化较小，城市体系规模等级有所增多；城市职能分工逐渐显现，不过经济结构较简单，城市间还是以不同等级城市纵向联系为主。从空间分布上来看，该阶段的城市呈现初步集聚的非均衡状态。当工业超过农业成为国民经济主体以后，城市体系就会进入扩散阶段，城市规模继续扩大，就会出现拥有千万人口的特大城市，规模结构复杂，等级增多，职能分工明确并且综合性增强。城市间联系密切，交通便捷，极核城市影响范围及强度渐渐扩展，由此，距离比较近、条件比较好的低等级城市接受极核城市辐射扩散后会快速发展。

从城市空间来看，该时期城市呈现高度集聚极不均衡状态，有的地区城市密集，特大城市及大城市比较多，形成城市密集区和都市连绵区。到了工业社会后期，经济服务化、数字化及智能化特征越来越明显，新兴经济部门发展迅猛，取代传统工业，国民经济结构更趋复杂，城市体系进入高水平均衡阶段，最终形成以一个综合性中心城市或由数个职能各异、相互补充的中心城市为核心的，大、中、小城市互相依赖、共同发展的均衡体系。此阶段规模结构比较均衡，职能分工合理，类型多种多样，中心城市职能综合性强，城市间联系密切，成为有机整体，城市空间分布呈多中心、网络化，城镇化水平高，城市密度大而均匀。

4. 发展城市体系的重要意义

城市的存在和发展离不开城市和区域、城市和城市的相互作用。区域是城市发展的腹地，城市则是区域优势要素集聚的中心。规模不一、职能各异的城市通过各种经济、社会联系构成的城市体系是一个国家或区域经济、社会的骨架。因此，城市体系可看成经济社会发展的空间表现形式。

建立规模结构合理、职能分工明确的城市体系，对生产力合理布局、区域均衡发展、提高整体效益具有极大的促进作用。

（二）城市与区域的关系

区域是指包括城市及周边农村和其他城市在内的空间实体。从宏观角度看，城市是点，区域是面，两者是点与面、局部与整体的关系。城市与所在区域不仅是地域空间的联结，而且在经济、文化等多方面相互依存和相互制约。

1. 城市与农村的关系

由于多种因素的影响，城市在经济、科学技术、文化、社会生活等方面都比农村先进。但是农村又是城市的"母体"，城市建设、发展都离不开农村。例如，城市建设扩大地域就会占用农村土地；城市工业生产用粮和居民口粮都由农村供应，部分工业原材料也都由农村提供；国内最大的工业品市场也在农村；农村劳动力也在不断涌入城市，为城市建筑、市政、商业及服务业贡献力量。同时，农村不断增长的各种需要又是城市发展的强大动力。

2. 城市间的关系

由于历史和现实因素的影响，各城市在发展进程中规模、产业结构、作用范围等均不相同，最终形成了规模、等级、性质不同的城市。城市间同样存在着紧密联系。生产社会化使城市间在更大范围和更多方面加强分工协作，取长补短，由此形成了不同规模的城市体系。

3．大城市连绵区

大城市连绵区是以若干个几十万甚至百万以上人口的大城市为中心，大小城镇呈连绵状分布的高度城镇化地带。大城市连绵区通常拥有国际性的大港口，其职能和作用具有国际意义。

大部分学者认为，可以称为大城市连绵区的，人口应该超过2500万。如今符合该标准的有美国的大湖区（芝加哥—底特律—匹兹堡地带）；英国的伦敦—伯明翰—利物浦—曼彻斯特地带；日本以东京、名古屋、大阪为核心，包括横滨、神户等城市的东海道地带；中国的沪宁杭地区等。

大城市连绵区空间布局的特征为沿交通线发展，形成一系列综合性的城市。这些城市具有相对独立性及独特的特征，城市间有绿化隔离带。在大城市连绵区内除了居住区、工业区及商业服务区以外，还有农业区，这体现了土地利用越来越趋于专门化。

第三节 产业的内涵与外延

顾名思义，产业经济学的研究对象是产业。但什么是产业呢？这需要从产业的内涵特征及外延界定这两个方面来理解。

在国外，关于产业经济学的内容体系，始终存在宽派和窄派两种理解。以英国学者为代表的宽派认为产业经济学除产业组织理论外，还包括产业结构理论等内容。而以美国学者为代表的窄派认为产业经济学与产业组织学是等同的。

中国产业经济学理论界形成了宽、窄两派。宽派以杨治等人为代表，他们认为产业经济学以产业为研究对象，研究产业间、产业内企业间的关系结构及其经济运行的规律性。宽派认为产业经济学不仅包括产业组织理论，还包括产业结构、产业关联及产业发展等理论。如今我国学术界大部分人持有类似看法，属于学术上的主流。窄派以汪祥春和于立为代表，他们认为产业组织理论即是产业经济学，二者是一回事。客观上来看，持这种观点的人如今仅占一小部分，不过也可能有一些学者对这个问题没有发表观点。

一、产业的概念

经济学中关于产业的概念比较模糊，并没有取得统一。在戴伯勋和沈宏达主编的《现代产业经济学》一书中列举了以下一些概念。

1）产业是指现代经济生活中从事生产或作业的各行业、各部门及企业和私人服务单位的集合，或者说，产业是为国民经济提供产品或服务的经营单位的集合。

2）产业是指生产同类产品或提供类似服务的经营单位的集合，其外延是各种行业及相似行业的国民经济部门。

3）产业是指存在并发展于社会生产劳动过程中的技术、物质和资金等要素及其相互联系构成的社会生产的基本组织结构体系。

4）广义的产业概念，即从事国民经济中同性质的生产或其他经济社会活动的企业、事业单位、机关团体和个体的总和。

5）狭义的产业概念，即直接从事同类经济活动的企业、事业单位和个体的总和。[①]

另外，史忠良主编的《产业经济学》中认为"产业"这一概念是介于微观经济细胞（企业和家庭）与宏观经济单位（国民经济）之间的若干"集合"。[②]相对于企业来说，它是同类企业的"集合"；相对于国民经济来说，它是国民经济的一部分。《新帕尔格雷夫经济学大辞典》对产业的定义是"生产同类或有密切替代关系产品、服务的企业集合"。

其实，有关产业的概念远远不止上述所列的几种，可以说是五花八门。产业的概念与日常生活中行业、部门甚至产品等概念存在交叉关系，的确难以明确区分。甚至有人认为需要针对不同的研究目的给予相应的特定定义。

二、产业的内涵特征

我们认为，产业作为一个基本的经济学概念，虽然定义不统一，但其基本特征是相对明确的，这主要体现在以下几个方面。

1）产业并非一个个体概念（如个人、单位、企业、机关等行为主体），也并非一个总体概念（一个国家、地区的宏观经济或者国民经济），而是一个介于两者之间的群体概念（特定个体形成的集合）。

2）既然产业是一个集合，那么其内部组成的个体也一定存在一些相同特性，这就是从事同类的生产经营或社会事务活动。这两点特征是比较明显的，不同产业概念都会有所涉及。

3）产业作为一个群体，我们认为，产业内部个体间的关系是直接的竞争或者合作的横向关系，这与组织内部命令与服从的纵向关系完全不同，不仅与国民经济中上下游产业间以自然技术关系相连的纵向关系不同，而且与国民经济中非直接关联产业间的合作或者

① 戴伯勋、沈宏达：《现代产业经济学》，经济管理出版社，2001，第51页。
② 史忠良：《产业经济学》，经济管理出版社，2000，第1页。

竞争的间接横向关系也不同。直接的竞争或者合作关系是构成一个产业最为重要的内涵特征。

据此，我们给产业的定义为：提供某些相同、类似和紧密关联的产品或者服务，并形成一定竞争或合作关系的企业群体。

三、产业的外延界定

相对于产业的内涵特征而言，产业的外延界定更难统一，主要原因有以下几个：第一，实际生产过程十分复杂，很难准确区分不同性质的生产经营活动；第二，随着生产力的发展及技术创新，会不断产生一些新的产业类型，也可能会淘汰一些旧的产业；第三，随着专业化分工的日趋深化，不仅在旧的产业中会渐渐分化出新的产业，在产业内还会形成分工，使得产业间的界限更模糊。因此，需要探索不同的产业划分标准及方法，并且区分不同的产业类型。概括来说，产业划分方法主要包括以下几种。

（一）两大部类分类法

马克思为了探究不同物质生产部门的相互关系，揭示社会再生产的实现条件，在《资本论》中提出以产品的最终用途为分类标准，把全社会的物质生产部门分成了两大部类（图1-2）。

$$产业 \begin{cases} 生产资料生产部门（第 I 部类） \\ 消费资料生产部门（第 II 部类） \end{cases}$$

图1-2 马克思的两大部类分类法

两大部类分类法揭示了社会再生产过程中的迂回与循环的再生产特性，是产业结构理论及投入产出方法的理论来源。然而，这种分类方法的界限并不是特别清晰，有的产业难以明确到底是用于生产还是用于消费。例如：电力，有居民消费用电，同时也有企业生产用电；家具，有办公家具，同时也有家用家具；粮食，既可以用于家庭直接食用，也可以用于食品加工。

德国经济学家霍夫曼在1931年出版的《工业化初级阶段》一书中，为了研究工业化及其发展阶段，将产业分为消费品产业和资本品产业两种。他认为当某产业的产品有75%以上用于消费时则归入消费品产业，如果其产品75%以上用于生产则归入资本品产业。但是还有很多产业难以按照这一标准归入上述两种产业，不得不归入其他产业。

（二）大产业分类法

列宁在马克思的两大部类分类法的基础上提出了以物质生产中劳动对象、劳动资料和生产方式等方面的不同特点为标准的大产业分类方法，将产业分为农业、轻工业和重工业

3 类（图 1-3）。

产业 { 农　业：种植业、畜牧业、渔业、林业等
　　　轻工业：食品、纺织、服装、鞋帽、皮革、玩具、电子等
　　　重工业：冶金、机械、船舶、电力、煤炭、石油、化工等 }

图 1-3　列宁的大产业分类法

大产业分类法对于研究工业化发展进程具有重要的理论意义，在社会主义时期对于经济计划的制订和实施具有重要的实践意义，在 20 世纪 80 年代以前的社会主义国家中具有广泛影响。但是，这种划分方法与马克思的两大部类分类法均遗漏了社会经济中有重要作用的服务部门，这是因为马克思劳动价值理论把服务排除在生产劳动以外。

（三）三次产业分类法

通常认为，第一产业、第二产业、第三产业与农业、工业、服务业划分的结果基本上一致，这两组概念也经常交叉使用，并不存在本质区别。在理论上，中国国家统计局使用更多的是三次产业的划分方法，而世界银行、经济合作与发展组织等更多地使用农业、工业、服务业的划分方法。不过，现在以"服务业"概念代替"第三产业"概念符合国际惯例。2000 年，十五届五中全会上将"第三产业"改称为"服务业"，因此，第三产业在宣传上用得越来越少。

1935 年，英国经济学家费希尔根据人类活动发展的历程，最先提出了三次产业的分类方法。1940 年，英国经济学家克拉克利用三次产业分类法对劳动就业与产业结构变动间的关系加以实证分析。1950 年，美国经济学家库兹涅茨揭示了三次产业在国民经济中的变化规律。在这之后，三次产业分类法被广泛接受（图 1-4）。

产业 { 第一产业：农业（种植业）、林业、畜牧业、渔业
　　　第二产业：采矿业、制造业、电力、燃气及水的生产和供应、建筑业
　　　第三产业：除第一、第二产业以外的其他行业 }

图 1-4　克拉克的三次产业分类法

三次产业分类法反映了产业发展与分工演进的一般历史规律，在西方国家的统计中广泛应用并且适用于国家间的比较，是产业经济学中影响最大的一种产业分类方法。我国在第七个五年计划时期开始采用这种分类方法。不过，简单的三分法与庞大的国民经济部门相比，还是略显粗糙，很难具体运用于实际经济统计中，需进一步细分。

（四）标准产业分类法

标准产业分类法（standard industry classification，SIC）是国家或国际组织为了统一国民经济统计口径统一制定和颁布的一种产业分类方法。联合国为了统一国民经济统计口径和世界各国产业不同分类提出了《国际标准产业分类》（ISIC），在三次产业分类的基础上进一步细化和标准化，将全部的经济活动分成十大项，并进一步分为若干中项、小项和

细项，而且每一级都有规定的统计编码。这种分类方法能够全面、精确、统一地对国民经济和各个产业进行统计和实证分析，对国家经济政策的制定和运用具有重要的实践意义，在产业经济学的研究中也具有非常重要的理论意义。

许多西方国家根据联合国国家标准分类法制定了自己官方使用的标准分类法。我国根据联合国《国际标准产业分类》制定了国家标准《国民经济行业分类》。

第二章　产城融合发展的科学内涵与内在机理

本章的主要内容包括产城融合科学内涵的理论分析与实践界定、产城融合发展的相关理论、产城融合发展的内在机理与动力机制。通过学习，掌握产城融合发展的内在本质。

第一节　产城融合科学内涵的理论分析与实践界定

本节主要包括两个方面的内容，即产城融合科学内涵的理论分析与产城融合科学内涵的实践界定。具体来说，产城融合科学内涵的理论分析主要包括理论界定、产城融合科学内涵维度的理解及产城融合科学内涵层次的理解；而产城融合科学内涵的实践界定主要是针对国家政策来说的，是产城融合发展过程中的相关规定和说明。

一、产城融合科学内涵的理论分析

（一）产城融合科学内涵的理论界定

产城融合科学内涵的理论界定包括国内外产城融合相关研究、产城融合发展理念，以及产城融合的主要特征和内容。

1. 国内外产城融合相关研究

（1）国外产城融合相关研究

相对于中国来说，国外关于产城融合的研究要早很多年，但他们的研究内容主要集中在城镇化和工业化等方面。国外产城融合思想中具有代表性的是城市功能分区思想，也就是按照不同的功能需求对城市的物质要素进行相应的分区布置，这些要素可以是工厂和仓库，也可以是住宅等，通过分配与布置之后的物质要素共同形成了一个布局相对合理、各要素之间互有联系的有机整体。第二次世界大战之后，由于很多城市遭到了战争的破坏，需要国家进行相应的战后重建，而新城市的建设依然要根据对不同的功能进行合理分区的原则进行规划和建设。

1948 年，苏联经济地理学家提出了生产地域综合体思想。这种思想最开始传入中国是作为一种空间组织形态来指导中国社会主义生产力的。20 世纪 60 年代之后这种思想被引入欧洲，逐渐被欧美等西方国家所接受。

20 世纪 70 年代之后，美国各大城市郊区化已经逐渐发展成熟，也正是在此时出现了"边缘城市"。所谓边缘城市就是指远离城市中心，在城市周围发展起来的与城市中心类似，存在商业中心、就业中心和居住中心的区域。随着社会的发展，城镇化发展也越来越深入，随之而来的研究也越来越深入，众多专家和学者认为城市的空间布局具有一定的结构性，不管是单个城市还是超大城市或者是城市体系都很难独立构建与发展，这些要素需要相互联系与融合才能完成城市体系的构建，这个规律是客观存在的。城市经济学家弗农·亨德森指出，如果一些地级城市的规模扩大一倍，则可以使其单位劳动力的实际产出增长 20%～35%。[1] 2002 年，兰德尔·S.罗森伯格尔等提出一种观点，即城镇化扩展的基础应该与产业结构、就业保持一种平衡状态。因此，我们可以这样认为，这些国外的理论与实践正是欧美等先进国家对于产城融合最早的研究内容。

（2）国内产城融合相关研究

相对于国外来说，中国由于城镇化发展较晚，因此关于城镇化的研究也相对较晚。针对产城融合在我国城镇化进程中出现的问题，众多学者进行了深入且广泛的研究。从 20 世纪 90 年代起，产城融合相关字眼就经常出现在人们的视野中，但近些年才真正开始对这个问题进行讨论。由于研究的时间较短，投入的人力、物力相对有限，加上研究者拥有不同的学术背景、研究目的和出发点，在产城融合的研究上，尤其是概念的界定上就会产生不同的观点，自然也就会产生很多分歧。

张道刚认为城镇化与工业化的发展应该在同一步调上运作，不能一快一慢，城镇是产业发展的载体，产业是城镇发展的基础，要实现产业与城市的"双向融合"，实质就是达到二者之间的平衡，倡导将产业园区作为一个城镇来经营。[2] 卫金兰和邵俊岗认为产城融合应包含产业和城市共生、生活与就业并存，以及制造与服务互动 3 个层面。[3] 孔翔和杨帆认为产城融合是指产业与城市之间的融合与发展，是建立在城市基础之上的产业发展，包括产业空间布局、产业结构升级等，以产业为保障，促使城市配套设施逐步完善，实现

① 弗农·亨德森：《中国的城市化：面临的政策问题和选择》，吴敬琏译，中信出版社，2007，第 56～76 页。
② 张道刚：《"产城融合"的新理念》，《决策》2011 年第 1 期，第 1 页。
③ 卫金兰、邵俊岗：《产城融合研究述评》，《特区经济》2014 年第 2 期，第 81～82 页。

城市自身的升级，以达到产业、城市、人之间持续向上良性发展的模式。他们提出，在产城融合中，要形成产业发展与城市功能优化之间的互促关系，既要以产业发展为城市功能优化提供经济支撑，更要以城市功能优化为产业发展创造优越的要素和市场环境。[1]杨芳和王宇认为，产城融合主要是指"以产兴城、以城促产、产城融合"，其核心在于产业，产业属性在很大程度上决定了城市的功能、用地规模、规划布局、交通导向、景观格局等，其最终表现为城市核心功能提升、空间结构优化、城乡一体化发展、社会人文生态的协调发展目标的实现等方面。[2]贾晓华认为，城镇化更要注重产城融合发展，将产业功能、生态功能、城市功能融为一体，离开了产业支撑，城市就会被"空心化"，而离开了城市的依托，产业就会被"孤岛化"。[3]刘瑾等将产城融合界定为"以产促城，以城兴产，产城融合"，就是建设以生态环境为依托、以现代产业体系为驱动、生产性和生活服务融合、多元功能复合共生的城市发展模式。[4]许健和刘璇认为产城融合的内涵是城市核心功能提升、空间结构优化、城乡一体化发展、社会人文生态的协调发展。[5]李磊认为产城融合的核心是推动园区从单一生产型园区向多功能城镇社会转型。[6]

李文彬和陈浩着眼于以人为基础，认为产城融合应该从人、功能和结构3个方面进行分析，只有实现"以人本为导向、结构匹配和功能融合"的协调发展，产城融合才能得到充分发展。[7]杜宝东从融合的阶段特征（时间维度）、融合的空间逻辑（空间维度）、融合的类型差异（类型维度）与融合的目标导向（人本维度）4个维度系统地建立起产城融合概念内涵与外延的认知体系。[8]李学杰认为产城融合主要体现的是城市协调可持续发展的理念，其实质是城镇与产业的协调发展，具体表现为城镇功能的协调、要素的有序流动、产业与城市有机单元的联系，其最大的困难是促进产业转型与城市功能的相互融合。[9]林华认为可以通过产业结构的调整来适当地增强城镇的相应功能，具体可通过产业结构和城镇发展中的就业结构的关系、就业结构和社会服务需求的关系两个方面来实现。[10]陈云认

① 孔翔、杨帆：《"产城融合"发展与开发区的转型升级——基于对江苏昆山的实地调研》，《经济问题探索》2013年第5期，第124～128页。
② 杨芳、王宇：《产城融合的新区空间布局模式研究》，《山西建筑》2014年第2期，第30页。
③ 贾晓华：《强化中小城市的产业支撑实现城镇与产业的融合发展》，《辽宁大学学报》2014年第3期，第44页。
④ 刘瑾、耿谦、王艳：《产城融合型高新区发展模式及其规划策略——以济南高新区东区为例》，《规划师》2012年第4期，第58～64页。
⑤ 许健、刘璇：《推动产城融合，促进城市转型发展——以浦东新区总体规划修编为例》，《上海城市规划》2012年第1期，第13～17页。
⑥ 李磊：《产城融合理念下的控规编制研究》，《西部人居环境学刊》2014年第6期，第89～94页。
⑦ 李文彬、陈浩：《产城融合内涵解析与规划建议》，《城市规划学刊》2012年第1期，第106～110页。
⑧ 杜宝东：《产城融合的多维解析》，《规划师》2014年第6期，第5～9页。
⑨ 李学杰：《城市化进程中对产城融合发展的探析》，《经济师》2012年第10期，第43～44页。
⑩ 林华：《关于上海新城"产城融合"的研究——以青浦新城为例》，《上海城市规划》2011年第5期，第32～38页。

为产城融合的主要研究对象应该集中于相对独立的新城建设，新型城镇化的发展可以通过产业园区的发展来实现。① 裴汉杰认为产业是城市发展的基础，城市与非农产业存在内在的紧密联系。没有非农产业支撑的城市只能是"空城"，而没有城市依托，再高端的产业也只能"空转"。②

在研究城市空间领域方面，夏骥指出不能出现重产轻城的现象，如果缺乏产城融合的社区单元，则园区对城市的支撑将减弱。③ 蒋华东认为产城融合不是简单的互促关系，而是具有多重网状形态，只有产业与城市相互渗透、复合式发展，达到动态平衡，才能创造更大的生产力。④ 邵安兆认为为了防止新城区建设走弯路，要依赖于产业化与城镇化的有机融合，打造产业布局合理、城市功能齐全、生态环境良好的现代化新城。⑤

综合上述多位学者的研究成果，可以发现，我国对产城融合的研究时间相对较短，虽然拥有比较全面的研究方向和内容，但是与之相关的概念框架体系还不能完整形成。不管是在产城融合的概念方面还是产城融合的内涵方面，由于学者的看法不同，自然就会有不同的理解与总结。有些学者将研究的重点放在产业区建设促进新城发展方向；有些学者则持有不同观点，认为产业不能脱离城市而单独发展，最适合的发展形势就是与城市共进退；还有一些学者认为产城融合不仅仅是产业发展和城市发展的单向融合，更是城市发展的一项系统工程，不仅要在空间上布局合理，还要考虑一切影响要素。总之，对于产城融合概念内涵来说，学术界因研究方向和理解的不同而各持观点，至今仍未形成一个让各方都满意的比较确切的定义。

通过对各家的研究结果进行分析，我们知道，目前理论界对于产城融合的认识与研究存在两个不同的角度，即广义和狭义。从广义的角度来说，产城融合通常是指产业和城镇（城市）的融合；而狭义角度的产城融合则单指产业园区与城区的融合。产城融合的首要问题便是可持续发展的问题。要综合考虑城市的可承载能力和产业的空间布局、发展结构的动态平衡关系，以城市产业发展的驱动力来促进城市服务水平的不断提高，以城市服务与产业优化升级的相互协同促进作为城市可持续发展的科学动态评价模式。

我们在综合各方理论之后认为，产城融合发展是指产业与城市融合发展，产业以城市为依托，城市承载产业发展空间，产业是城市发展的保障，推动城镇化进程和完善服务配

① 陈云：《"产城融合"如何拯救大上海》，《决策》2011年第10期，第49～51页。
② 裴汉杰：《浅议"十二五"期间产城融合的新理念》，《中国工会财会》2011年第7期，第13页。
③ 夏骥：《对上海郊区产城融合发展的思考》，《城市》2011年第9期，第58～61页。
④ 蒋华东：《产城融合发展及其城市建设的互融性探讨——以四川省天府新区为例》，《经济体制改革》2012年第6期，第43～47页。
⑤ 邵安兆：《洛阳市伊滨区产城融合发展的战略思考》，《洛阳理工学院学报》2012年第1期，第13～18页。

套,让产业更加依附于城市,让城市功能更好地服务于产业发展,以产兴城、以城促产,从而达到产业和城市协调发展、相互促进、良性互动的目的,实现产业、城市、人之间有活力的、动态的相辅相成之发展;产城融合发展还是指产业与城市在功能、空间、结构、组织和政策等方面相互匹配、有机互动、共同演进、螺旋上升的状态和过程,其目的是实现城乡资源要素的有效配置、城市空间载体的动态优化、城市产业结构的不断升级、城市服务功能的配套完善、城市生态环境的持续改善、城市组织结构的完整高效、城市政策体系的整合统一、城市历史文脉的传承延续、城市人口素质的持续提升,其本质是提升城市居民的幸福感和城市的可持续发展能力。[①]

2. 产城融合发展理念

（1）产城融合发展模式的 3 个阶段

1）产城实现一体化阶段。该阶段,城市发展为产业发展提供基础性保障,同时产业在一定意义上开始影响城市的运作模式。

2）产城相互促进阶段。该阶段,产业的聚集重塑了城市的功能分区,同时城市的迅速发展也成为产业转型升级的助推剂。

3）产城相互融合阶段。该阶段,城市功能上和定位上的产业区及生活区的界定开始逐渐模糊;城市和产业的功能及形态开始融为一体,达到了城镇化发展的高级阶段。

（2）产城融合发展的实质及重点

1）产城融合发展的实质是以"人本主义"为核心的城市发展理念。产城融合发展的根本意义是要以"人本主义"的理念来协调城市中人口、环境和社会的关系,完成城市、人口、产业之间良性互动模式的重塑,形成产业与城市的共生。城市的功能性和产业的发展性良性互动,各种关系相互之间完成合理的组合,最终形成一种产城协同、可持续发展的城市发展战略和趋势。

2）产城融合发展的重点是科学的城市发展规划。科学的城市发展规划既包括产业和城市功能之间的合理、科学的定位,也包括城市发展和产业发展的方向定位。科学的城市发展规划旨在避免城镇化发展过程中产业的冲动扩张、城市的盲目建设,让产业扩张和城市建设真正实现互生共促的协同发展。

3. 产城融合的主要特征和内容

（1）产城融合的主要特征

产城融合的理念对产业、城市和人的关系进行了重新定位:产业是促进城市发展的动力和支撑;城市要保障产业发展和人的需求,从而提供基础性建设和配套化服务;人是城

[①] 楚天骄:《新常态下产城融合的总体思路与实现路径研究》,《中国浦东干部学院学报》2015年第5期,第81～87页。

市和产业的沟通者和纽带，为产业发展提供人才和智慧输出，为城市发展提供人文氛围。城市反过来促进产业的发展，提高人们的人文宜居性品质。总括起来，产城融合的主要特征体现在以下 3 个方面。

1）产业和城镇的协同发展。产业结构的优化升级和城市的城镇化发展，是我国在加快推进城镇化进程中需要处理好的两大问题。而一直以来，产城分离的模式，使得我国的工业化和城镇化一直不能协同互促。产城融合的主要特点就是将产业发展和城镇化发展密切联系起来，用产业的升级推动城镇化进程，用城镇化的红利回馈产业，使二者在发展中协同共促、互为裨益。

2）实现人的全面发展。之前的城镇化发展，一直以追求经济的 GDP 为其核心目标，忽视了城市发展中人的发展问题，使城镇化的发展结果偏离了其根本意图。产城融合发展的核心思想是以"人本主义"为核心的发展，产业和城市的发展是在以人为其智慧动力、以人自身的发展为需求基础上的发展。产城融合的目的是要让产业的发展更加注重人才的培养，城市的发展更加关注人民的幸福。

3）让人和自然和谐共生。过去粗放型的经济发展模式，使得城镇化进程中环境遭到了严重的污染和破坏。环境污染程度超出了自然生态自身的承载范围，生态环境的恶化让城市居住环境越来越差，严重影响了人们的生活品质。产城融合更加侧重于让产业发展走节能降耗的发展之路，更加注重于人对产业发展和环境保护关系的平衡的能动性作用，让城市、产业和人在生态、绿色的健康环境下和谐共生。

（2）产城融合的内容

综上可见，产城融合的特征主要体现在城市与产业的功能互融、协同发展，人、城市、环境包容共生的和谐关系，城市、产业与人的良性互动上。就此，我们可以将产城融合的内容归结为以下几点。

1）功能融合。实现城市发展战略与产业发展方向相匹配；城市整体区域功能统筹，各部分之间功能供需匹配；城市定位与城市功能相匹配。在产业经济功能的城市导向性功能下，将城市的文化、居住、服务、信息等各项功能有机融合，完成居住、交通、生产、服务等各项功能的相互协作、补益，从而形成与城市发展相适应的产业、服务体系，以及产业与城市协作发展、繁荣共促的局面。

2）空间融合。空间融合是指将城市的功能空间和载体空间实现匹配融合。一般情况下，城市会按照功能的不同进行区域功能模块的划分，如以产业发展为导向的经济功能模块，以生活需求为导向的人文艺术、生活居住、信息交流、公共交通等各大模块。由于用地需求、空间独立性、排他性等的不同，对空间需要做出整体性、统筹性的规划，使城市的经济区、文化艺术区、居住区、交通枢纽、自然生态区等各大区的功能实现有机互融，在空间上完成新的组合分配，实现城市功能空间规划与对应需求服务的优化匹配，达到各部分规模适当、配套服务完整、整体上平衡合理的空间综合形式，实现空间之间有机互联，整体、部分良性互动。

3）结构融合。结构融合指城区的功能结构要符合城市的发展战略，人口结构要匹配产业结构，城市中各关键要素之间的关系要匹配。城市的发展规模决定了城市的人口总量，人口的分布结构又决定了城市公共服务要素的配置结构。产业的发展状况直接决定城市人口的职业分布、个人收入水平及其之间的收入差异层次结构。因此，城市的就业结构和人口结构是否构成合理匹配的关系，是决定产城融合发展前途的关键因素。

4）身份融合。产城融合就其实质而言，应是居住和就业的融合，即居住人群和就业人群结构的匹配，其根本是居民身份与就业类型相匹配。产业的具体行业分布直接性刻画了城市就业结构分布图，城市的空间和功能结构又是由就业结构的分布来进行塑造的。从某种意义上来说，产业＋生活的身份融合，将重新决定城市空间、规模、生活服务配套的具体形式。

5）组织融合。城市区域结构的重新分配，使得所属的行政区域组织为更好完善优化城市服务功能而进行内部之间的协调融合。

6）政策融合。产业与城市功能的融合会使所在行政区域政策标准之间趋于协调一致。

尤其要注意的是，产业推进和城市发展在时间维度上存在的不均衡性，会要求城市在一段时间内在功能结构和要素匹配、平衡问题上具有实时动态性和长期的完整规划性。

（二）产城融合科学内涵维度的理解

产城融合是在以人为本的价值导向下，以模式创新为战略驱动，通过合理的空间统筹和规划，推动产业和城镇的均衡发展，进而达成产业和城镇融合发展的现实目标。[1] 下面就来具体分析一下产城融合科学内涵的四大维度。

1. 产城融合的人本维度：以人为本的价值导向

孙红军等认为，产城融合的基本动力有两个：第一，产城融合是在市场导向下寻求资源要素最优配置，以实现最大经济效益的驱动；第二，产城融合是在人本主义导向下对人、环境和社会关系的重新认识与合理组合，以实现最大社会效益的驱动。进一步讲，"产城融合是社会经济发展到一定阶段，反映到空间上的一种表征，是资本积累到一定阶段寻求新的空间生产的必然产物，也是资本进入第三重循环提升创新能力、提高人的素质的必然要求"。[2] 因此可见，产城融合的本质是城市发展规划理念的"功能主义"向"人本主义"价值观转变的一种趋向。

① 何立春：《产城融合发展的战略框架及优化路径选择》，《社会科学辑刊》2015 年第 6 期，第 123 ～ 127 页。
② 孙红军、李红、马云鹏：《系统论视角下的"产城融合"理论拓展》，《绿色科技》2014 年第 2 期，第 249 ～ 251 页。

产城融合城市发展理念中"人本主义"价值观的表现主要体现在以下几个方面。

1）产城融合发展的利益主体问题，发展的利益主体是人，还是物。

2）建立城市功能与服务需求合理的供需分析体系，合理推进城市功能和制度设计。

3）城市公共服务与需求主体的匹配问题。尤其针对那些公共服务不能满足需求的类型和项目，要加大服务投入力度，提升城镇功能建设，促使人民的生活品质不断提高。

由此可见，产城融合的核心理念是建设以人为核心的现代城市发展模式。该理念模式以人的需求为发展，以城市人才的智慧为城市发展核心推动力，力求在促进城市和产业协同发展的同时，创建理想、友好、人文、宜居的城市生存空间，以产促城，以城益产。

2. 产城融合的系统维度：模式创新的战略驱动

产城融合系统分 3 个区块系统，它们经过模式化、系统性运行，完成产城融合。产城融合首先将城市的实体要素、非实体要素协同形成一个区块系统；到了第二个区块模式时，第一个区块的系统通过与第二个区块系统中的城镇化和产业化要素产生互动，促成两个系统中各要素的相互作用，之后经过和环境的融合，最后将结果输出为第三个区块系统，形成该系统的功能效用层要素（如人口、制度、空间、产业、思想）。第三个区块的系统要素之间完成系统化的融合运作，形成产城融合（图 2-1）。

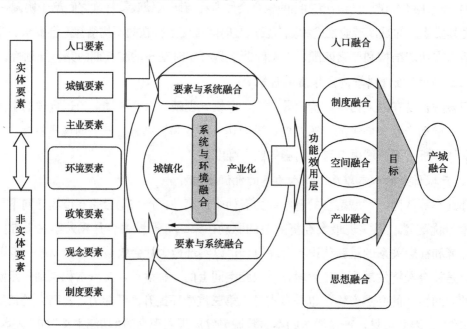

图 2-1 产城融合系统

从整个的系统维度来看，产城融合需要不断保持战略创新的活力，从政策驱动的外向型动力向市场要素驱动的内向型动力进行转变。

1）优化产业体系架构，促进部分产业园区的智慧化发展，坚持核心技术产业的技术化和规模化，引导支柱产业的优势化、高端化发展。

2）搭建生态智慧产业链，通过大数据、云计算、物联网实现产业各要素的流通、匹配，逐步完善产业模式。

3）组建智慧城镇协同、创新发展基地，为城镇化和产业化发展注入创新驱动力，优化市场发展氛围，推动产城融合向智慧化发展。

3．产城融合的时间维度：产城均衡的演变目标

从时间维度讲，产城融合必须遵循均衡性的发展原则，以此为目标不断地总结有效经验，梳理其中演变的一般规律。

1）实现功能设计的均衡。产业内部结构和城市功能布局要兼顾均衡，保证产业的高效发展。

2）平衡公共利益关系。做到公共资源的均衡分配和合理规划，如交通布局和土地的使用规划。

3）实现功能的多元性转型。注重单功能的产业园区向综合性的产业综合体发展，实现产业、居住和公共服务等的均衡完善。

4．产城融合的空间维度：空间统筹的结构前提

环境条件、用地要求、空间排他等因素使得城市各功能区域在空间布局上呈现不同的划分和组合模式。城市空间的布局应充分分析产业、服务、居住、绿地等的分布模式规律和城市空间诉求，做到可融性空间的合理、有效布局，营造舒适、和谐的城市空间环境。

据此，城市空间的布局必须具有整体统筹性。

1）对产业区域和职工居住区域进行空间分布的合理配置，注重资源有效、适宜合理，避免结构的混乱和资源与需求的错位。

2）注重配套完善。要为产业的发展建立完善有效的配套公共服务，以产业发展格局调整城市发展规划，实现"有产有城"。

3）提高产业区土地利用率。在建设开发时合理处理水平向立体开发的布局结构，提高单位土地的产业容积率和效益产出率，提高城镇建设中产业的空间利用率。

（三）产城融合科学内涵层次的理解

产业和城市（城镇）的融合式发展是产城融合的核心内涵。由于城镇（城市）概念的伸缩性，我们可以从全国、城市圈（城市体系）、单个城市3个层面来观察、理解、认识

产城融合问题。[①]

1. 全国层面的产城融合

全国层面的产城融合要有长远的规划性和适当的预见性,同时还要注重规划的全局性和统筹性原则。有关学者公开的数据统计资料显示,预测 2020 年,我国所有城市的人口规模总计将达到 16.5 亿。如此庞大的人口规模,若不能充分统筹就业结构和产业结构的匹配性问题,到时必然会出现产业无人发展、人口无法就业,或是部分城市人口膨胀、大量城市产业发展不足的严重性社会问题。全国综合性的统筹规划是产城融合合理发展的基础。

2. 城市圈(城市体系)层面的产城融合

城市圈(城市体系)层面的产城融合核心考虑城市群的中心城市的功能定位、产业分布,从而形成以此为中心的功能互补的融合性生态城市发展圈。其具体要求:周边城市以中心城市功能为依据,结合圈中周边其他城市,为中心城市的功能定位做延伸,形成一个以中心城市为依托、周边城市为其功能延伸的大的"产城融合圈"。这就要求各周边城市的定位要与其产业功能分工相匹配,各周边城市之间、各周边城市与中心城市之间的功能定位要具有相互协同性。

3. 单个城市层面的产城融合

单个城市层面从超大城市和一般城市两个方面分别讨论。就超大城市而言,卫星城作为超大城市功能延伸的一部分而存在,为其分担功能和空间布局时,尤其注意优化交通资源和公共设施的资源配置,形成良好的发展承载能力,保证卫星城形成足够的人口就业,完成功能定位的落地和产业体系发展规模的扩张需求,形成和主城功能协调的空间格局分布。

就一般城市而言,最重要的还是要做好产业布局和城市定位的匹配,确保产业能够和城市形成永续性的匹配发展关系,能够为城市经济和人口增长提供动力,资源配置上要能够满足产业和人的发展需求。

就目前我国城市发展的状况而言,城镇化进程中最大的问题便是许多新城在缺乏产业支撑的前提下盲目建设扩张,农田资源向建设用地转变的过程中缺乏合理的产业布局规划,造成城市产业发展失去重心,大面积的城市新区成为空城。

二、产城融合科学内涵的实践界定

2015 年 7 月,国家发展和改革委员会办公厅下发《关于开展产城融合示范区建设有

[①] 罗守贵:《中国产城融合的现实背景与问题分析》,《上海交通大学学报(哲学社会科学版)》2014 年第 4 期,第 17～21 页。

关工作的通知》（以下简称《通知》），对产城融合示范区建设做出全面部署。

《通知》指出，开展产城融合示范区建设，是主动适应经济发展新常态、推动经济结构调整、促进区域协调发展的重要举措。推进产城融合示范区建设，有利于协同推进城镇产业发展、人口集聚和功能完善，促进资源优化配置和节约集约利用；有利于探索产业和城镇融合发展的新型城镇化道路，推动"3 个 1 亿人"的就近城镇化；^①有利于形成功能各异、协调互补的区域发展格局，推动经济结构调整和经济发展方式转变；有利于深化城镇地区开发开放和体制机制创新，打造"大众创业、万众创新"的新平台。

《通知》强调，开展产城融合示范区建设必须全面贯彻落实党的十八大和十八届二中、三中、四中全会精神，深入贯彻落实习近平总书记系列重要讲话精神，按照党中央和国务院决策部署，主动适应经济发展新常态，深入实施国家区域发展总体战略、主体功能区战略和新型城镇化战略，顺应国际国内产业发展和城镇化发展新趋势，进一步深化改革、先行先试，依托现有合规设立的各类国家级、省级产业园区，充分发挥市场配置资源的决定性作用，更好发挥政府规划和政策的引导作用，全面落实产城融合发展理念，着力优化发展环境，不断深化开放合作和改革创新，走以产兴城、以城促产、产城融合、城乡一体的发展道路，加快产业园区从单一的生产型园区经济向综合型城市经济转型，促进产城融合发展，提高资源利用效率，改善生态环境质量，保障和改善民生，为新型工业化和新型城镇化探索路径、提供示范，努力构建经济发展、社会和谐、人民幸福的良好格局，促进区域协调发展。

《通知》明确了产城融合示范区建设的主要目标：到 2020 年，示范区经济社会发展水平显著提升，经济增长速度快于所在地区总体水平，常住人口城镇化率明显快于所在地区平均水平，现代产业体系加快形成，城镇综合服务功能不断完善，生态环境进一步优化，居民生活质量明显提高，将示范区建设成为经济社会全面发展、产业和城市深度融合、城乡环境优美、居民生活更加殷实安康的新型城区。

《通知》对产城融合示范区概念做出了清晰界定，即"产城融合示范区是指依托现有产业园区，在促进产业集聚、加快产业发展的同时，顺应发展规律，因势利导，按照产城融合发展的理念，加快产业园区从单一的生产型园区经济向综合型城市经济转型，为新型城镇化探索路径，发挥先行先试和示范带动作用，经过努力，该区域能够发展成为产业发展基础较好、城市服务功能完善、边界相对明晰的城市综合功能区"。其任务主要包括以

---

① "3 个 1 亿人"的就近城镇化是国务院总理李克强在第十二届全国人民代表大会第二次会议上所做的政府工作报告中提出的，具体是指：今后一个时期要着重解决好现有"3 个 1 亿人"问题，促进约 1 亿农业转移人口落户城镇，改造约 1 亿人居住的城镇棚户区和城中村，引导约 1 亿人在中西部地区就近城镇化。

下几项。

1）优化空间发展布局，推进产城融合发展。全面落实产城融合发展理念，按照生产空间集约高效、生活空间宜居适度、生态空间山清水秀的原则，科学规划空间发展布局。统筹规划包括产业集聚区、人口集聚区、综合服务区、生态保护区等在内的功能分区。统筹推进城乡基础设施建设和公共服务设施建设，提升城市综合服务功能，实现产业发展、城市建设和人口集聚相互促进、融合发展。

2）促进产业集聚发展，构建现代产业体系。依托现有国家级和省级经济技术开发区、高新技术产业园区、海关特殊监管区域等，发挥产业集聚优势，提高产业综合竞争力和企业经济效益。以新产业、新业态为导向，大力发展新一代信息技术、生物、高端装备制造、高端服务、现代物流等战略性新兴产业和高技术产业，不断优化产业结构。集聚创新资源，壮大创新创业人才队伍，搭建人才创新发展平台，加快创新创业服务体系建设。

3）加强基础设施建设，提升公共服务水平。进一步完善基础设施，促进示范区内各类基础设施互联互通，加快推进对外联系的跨区域重大基础设施建设。加强城乡基础设施连接，推动水电路气等基础设施城乡联网、共建共享。改善物流基础设施，完善交通运输网络体系，降低物流成本。合理布局教育、医疗、文化、旅游、体育等公共服务设施，配套建设住居、商业、娱乐、休闲等设施，提升宜居宜业水平。

4）注重生态环境保护建设，促进绿色低碳循环发展。统筹处理经济发展与生态环境保护的关系，严格建设项目及产业准入门槛，严禁开展不符合功能定位的开发建设。统筹新增建设用地和存量挖潜，加强对用地开发强度、土地投资强度等用地指标的整体控制。促进资源节约集约利用，提高能源资源利用效率，控制主要污染物排放总量，加强环境风险防范和应急处置，大力发展循环经济，推动形成绿色低碳的生产生活方式。

5）完善城镇化体制机制，推进城乡发展一体化。按照政府主导、社会参与、市场运作的原则，进一步完善城乡建设投融资体制。加快建立城乡统一的户籍管理制度，加快推动农业转移人口市民化。探索农村土地管理制度改革，加快建立城乡统一建设用地市场，保障农民公平分享土地增值收益。建立健全城乡一体的社会保障体系，加快形成政府主导、覆盖城乡、可持续的基本公共服务体系，提高城乡基本公共服务均等化水平。

第二节　产城融合发展的相关理论

本节主要论述产城融合发展的相关理论，主要内容包括产业发展理论、城镇化理论、产业化与城镇化的相互关系、协调发展相关理论、城市更新理论、产业区位相关理论、产业空间结构理论、特色小镇理论和产城融合相关理论。

一、产业发展理论

产业发展理论的基础就是区域产业结构不断演进发展的理论，该理论可以对产业机构的发展变化方向及发展的途径和方式进行全面而深入有效的解释。

（一）霍夫曼定理

现代经济之所以能够不断稳步增长，与经济体中产业的结构变动分不开，产业结构的任何一次变动都与工业化进程的联系密不可分。德国经济学家霍夫曼对工业化尤其是重工业化问题进行了开创性研究。他认为消费资料工业增加值与资本资料工业增加值的比值变化可以反映工业化的发展进程，这一比例被称为霍夫曼比例。根据这一比例的变化规律，霍夫曼将工业化发展分为4个阶段（表2-1），他认为在最初的工业化进程中轻工业可能占有主导地位，但随着工业化的不断进行，重工业的发展必将发生质的变化，也就是说重工业必将替代轻工业的主导地位，这也是工业化发展的必然规律。可以这么理解，霍夫曼定理对工业化进程中尤其是制造业内容结构的变化规律进行了深入揭示，但随着研究的不断深入，霍夫曼的研究结论也存在不完善的地方，因为他只是将工业分为消费资料工业和资本资料工业，这两种类型的工业不能够完全囊括所有的工业类型，而且以工业内部比例来对工业化进行阶段划分，其片面性也是很明显的。

表 2-1　霍夫曼的工业化发展阶段划分

工业化发展阶段	霍夫曼比例系数	产业结构特征
1	5（±1.0）	消费资料工业占主要地位
2	2.5（±1.0）	资本资料工业快于消费资料工业
3	1（±0.5）	两大部门基本持平
4	1以下	资本资料工业占主要地位

资料来源：王辰：《基础产业发展论》，上海远东出版社，1996，第69页。

（二）"标准结构"理论

钱纳里、埃尔金顿、西姆斯等在克拉克和库兹涅茨的研究结论基础上，深入分析了多个国家的统计资料。1971年，他们提出了多国产业结构的标准形式，采用克拉克和库兹涅茨等提出的产值结构和就业结构是产业结构的衡量标准的理论，而钱纳里等对产业结构的划分标准更加细致严谨，使产业结构的演进情况反映得更加全面。1986年，钱纳里和赛尔奎因提出了产业结构的变动规律。他们认为在产业结构中，不同阶段产业结构中的主导工业组成是不一样的。例如，工业化初期的产业结构，占据主要地位的轻工业主要是纺织、食品等，这时产业结构的特征是劳动密集型的产品生产；而随着产业结构的升级，工业化进程进入中后期阶段，重工业逐渐成为国民经济的重要组成部分。这时期的产业结构发展又可以分为前期和中期两个阶段，前期的发展重点是原材料工业，这种工业通常是资本密集型的；后期的发展重点是加工工业，这种工业主要是技术密集型的。由于这个阶段的工业不断升级，国民经济也会增长，加速趋势非常明显。任何一个国家和地区的产业结构发展到一定程度之后，或者说国民经济的工业化任务完成以后，经济增长的速度会相应减缓或有一定程度回落。与库兹涅茨相比，钱纳里等在方法上全面改进了对产业结构的研究，对于研究内容不管是在深度上还是在广度上都更进一步。

（三）库兹涅茨法则

在产业发展的过程当中，很多国家和地区的国民经济收入必然会产生变化。美国经济学家库兹涅茨对国民收入资料收集整理和统计分析后，结合克拉克等的研究成果，提出了一个全新的概念，即比较劳动生产率，并利用这个概念对产业结构演进的规律进行更加深入的分析和探讨。库兹涅茨认为任何一个国家的经济发展过程中，如果经济发展得好，劳动力和第一产业产值的相对比重就会随之慢慢下降；在产业结构中占据主导地位的由原来的第一产业逐渐变成第二产业，由于生产技术的不断提升，第二产业产值的相对比重上升速度较快，处于第二产业中的劳动力的相对比重没有明显变化或稍微有提升，也就是说比较劳动生产率呈现持续快速上升的趋势；随着产业结构的再次升级，随之而来的就是产业结构规模最大的一个产业——第三产业，这也是劳动力就业的主要产业，对于第三产业来说，创造产值的能力要低于吸纳劳动力的能力。在研究产业结构的过程中，库兹涅茨将三次产业的产值比重引入其中，通过产值结构与劳动力结构的比重对产业结构的变动进行研究，该研究方向不仅是对产业结构研究领域的一种拓宽，还使人们对产业结构演进规律的认识更加深入和全面。

（四）配第-克拉克定理

英国的威廉·配第是最早注意到经济增长中的产业结构变动的经济学家。他在著作

《政治算术》中指出，与农业相比，制造业的收益要高许多，但与商业上的收益相比又是不足挂齿的。以配第的研究为基础，融入费希尔的研究成果——三次产业分类法，英国经济学家克拉克提出了配第—克拉克定理，即劳动力会随着一个经济体中人均 GNP（gross national product，国民生产总值）的增长从第一产业转移到第二产业，再由第二产业转移到第三产业，产业结构发展的层级越高，在国民经济中从事第一产业的人数越少，第一产业所占的比重也就越大。克拉克认为之所以会产生这样的劳动力转移，一个重要的原因就是，经济体在发展的过程中由于不同产业之间的收入存在一定的差异，劳动力会有所转移，这也正好证明了配第的观点。配第-克拉克定理是世界范围内第一次用劳动力比重作为产业结构指标进行分析的一种理论，这实际上是对产业结构变动下劳动力结构分布演变规律的一种阐释说明。

（五）雁行形态理论

最早提出雁行形态理论的是日本经济学家赤松要，他认为产业在发展的过程中，后进国家要想赶超先进国家，它的产业发展通常以"进口—国内生产—出口"这样的模式来进行，这 3 个环节相继交替进行，这种形式的产业发展的形象说法就是雁行形态。这种理论主张的是建立在动态比较优势原则基础上的追赶型经济发展模式。动态比较优势原则主要从生产要素开发角度强调国际比较。该理论是基于经济体产业结构的相对级别，并谋求生产力跳跃性发展而产生的。与先进国家相比，后进国家由于在产业结构上的劣势，很难在同等层级与先进国家展开竞争，为了改变这一局面，就要暂时放弃静态比较利益，而采用一种非均衡的发展方式。与动态比较优势原则注重长期经济利益相比，静态比较优势原则对短期经济利益更加注重，更加强调"出口导向"，使财富能够尽快地增加。而动态比较优势原则强调通过"进口替代"代替"出口导向"，这种做法虽然短时间内看不到经济发展效果，但对于实现产业结构的升级及由此决定的贸易结构向更高级层面进化有优势。雁行形态理论认为后进国家要想实现经济的发展，首先应该用"进口替代"代替之前的"出口导向"，这并不是说要完全放弃"出口导向"，而是要度过国内生产阶段之后，才不失时机地转向"出口导向"。雁行形态理论不仅强调动态比较优势的作用，也注重静态比较优势的作用，这是一种更加先进而综合的理论。

（六）国际产品周期理论

为了能够合理解释国际投资的空间变化，美国经济学家弗农提出了国际产品周期理论，通过对产品生命周期的不同阶段，也就是从生产到使用的各个阶段，以及不同阶段所产生的市场特性进行深入研究和分析之后，得出这样的理论：以国际市场为研究范围，任何一种产品所处的不同生命周期，反映出来的是产品不同的生产场地，产品生产过程或产地转移后必然导致跨国公司的产生。依据该理论弗农将产业发展分为 3 个阶段，即新产品阶段、成熟产品阶段和标准化产品阶段。他认为区域经济与产业发展大同小异，同样也有发展阶段的问题，产城融合空间组织形态会随着发展阶段的不同而有所差异。

综上所述，国际产品周期理论和雁行形态理论有一个共同的观点，那就是通常情况下，先进国家会将某一种已经标准化的产品生产向后进国家依次转移，后进国家在接受这些产能之后，完成最开始的资本积累，之后用"进口替代"让产业进一步升级，再转向出口。这两种理论的研究基础在于：前者主要是对美国企业行为进行阐释说明，而后者的格局相对比较宏大，它是站在产品生命周期的角度，从以往的微观层次研究逐步发展到宏观层次研究。

二、城镇化理论

在经济的发展过程当中，城镇化为经济发展带来了结构性转变，不管是对社会发展还是对人类经济，城镇化都起到了极大的推动作用。为此，学者们纷纷将研究目光投向对城镇化的研究，并从不同的角度和层次深入探讨了城镇化进程的规律，这对相关的经验总结和理论分析具有非常重要的意义。

（一）城镇化进程的阶段性规律

城市人口比重能够反映一个国家城镇化的进展程度，为此美国城市经济学家诺瑟姆经过长时间的调查和研究之后认为城镇化的发展进程并非呈直线，揭示了不同阶段的城镇化进程呈现出的发展速度不同的规律，得出了城镇化进程呈 S 型曲线（图 2-2）的结论。整体来说，城镇化的发展能明显呈现出 3 个阶段，即初期、中期和后期。初期由于城市化的发展速度相对比较缓慢，属于资本积累阶段，要持续很长一段时间，这一阶段支配国民经济的主要产业是农业，大量的人口留在农村；初期和中期的临界点是 30% 城镇化水平，当城镇化水平超过这个数字时，意味着城镇化水平进入了中期阶段，该阶段的城镇化发展速度逐渐加快，农业与工业呈现出一种相互促进的状态，工业逐渐成为国民经济的主导者，此时城市的人口呈现出快速增长的态势；中期和后期的临界点是约 70% 的城镇化水平，当城镇化水平超过这个数字时，意味着城镇化进入后期阶段，该阶段也被称为终极阶段，因为这也意味着城镇化已经进入一种相对饱和的状态，城镇化发展速度减缓，该阶段不管是经济发展还是社会发展及人口比重，城市都占有绝对优势。

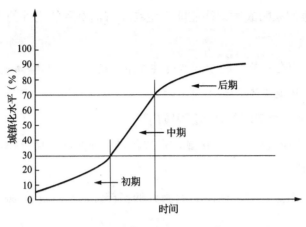

图 2-2　城镇化发展的 S 型曲线

资料来源：段辉：《对"S 型曲线"城市化理论的再探讨》，《技术经济与管理研究》2015 年第 10 期，第 119 ～ 123 页。

（二）集聚经济规律

由于农村要发展农业的天然属性，占据的空间相对更大一些，人与人之间的距离也更加分散；而城市恰恰相反，它的一个重要特征就是集聚，对于城镇化的发展来说，这个特征在经济发展上也是一条需要重点关注的经济规律。世界上最早对集聚经济规律进行研究的是经济学家马歇尔，他认为集聚经济之所以能够产生利益，并成为一条重要的经济规律，主要有以下 3 个方面的原因，一是知识外溢，二是发展了相应的辅助行业，三是越来越广阔的专业技能市场。通过对集聚经济进行深入研究，瑞典经济学家俄林认为可以将这种经济规律分为 4 种不同的类型，即企业内部规模经济、地方化经济、城镇化经济和产业间联系。之后，集聚经济规律受到越来越多经济学家的认可与研究，使得集聚经济现象逐渐成为一门系统的研究学科。

对于市场主体来说，不管是企业还是居民，空间集聚所带来的直接效应都是成本的降低，相同空间内越多的企业或居民集聚，空间的成本也就越低，与此同时，也就意味着越多的企业和居民的经济效益会有相应程度的提升。但这并不是说集聚效应越大，经济效应就越大，它需要有一个适度的空间范围，当集聚水平在适度范围内时，由于产生的能量为正能量，就会出现正的外部性，集聚经济也因此而产生；反之，不适度的集聚水平由于产生的能量是负能量，就会出现负的外部性，集聚经济也会因此而遭到破坏。对于一个企业来说，集聚的表现形态主要有以下两种。

1. 同类企业的集聚经济

同类企业集聚在一个区域，有以下两个方面的原因。

1）减少了顾客的采购成本，往往能产生在原有消费目的之外的"引致消费"行为，使交易规模扩大。

2）同类厂商集中在一起有利于开展良性竞争，提高行业的整体效益。

2．多类企业的集聚经济

多类企业集聚在一个区域的具体原因如下。

1）不同类型的企业集聚在一个区域，可以促进企业之间开展合作，形成各种产业链，产生一系列正外部效应。

2）有利于满足消费者对不同商品或服务的多样化需求，起到吸引客源、开拓市场、加强联系的作用。

随着城市和工业的不断发展，农村人口逐渐向城市迁移，这也是城镇化发展的一个过程。随着城市中人口的不断增加和集聚，不管是对商品还是对服务，人们都已经有了相应的需求，这就促使公共服务和公共物品相应配套产生并产生集聚效应。

（三）增长极理论

法国经济学家佩鲁1955年发表的《论增长极的概念》一文中首次提出并明确增长极的概念。他经过长时间的研究之后认为，经济增长的条件在现实中经常呈现非均衡性，经济增长最先出现的地方是某些增长点，之后在特定渠道的加持下，这些增长点向周围地区辐射，直接或间接影响外围地区。之后，瑞典经济学家缪尔达尔对佩鲁的这一理论进行了更加深入的研究和发展，他认为在经济发展的动态变化中，区域和城乡经济发展所产生的效应是完全相反的，这两种完全相反的效应被称为极化效应和扩散效应。极化效应就是随着发达地区的持续发展，生产要素会逐渐由落后地区向发达地区流去，这样的结果就是发达地区因生产要素的集中而更加发达，落后地区则因生产要素的流失而更加落后；扩散效应就是发达地区在发展到一定程度之后，由于生产要素的不断积累，达到了一定程度的饱和，生产要素向相对落后的地区转移，进而对落后地区的发展起到一定的推动作用，这也就是所谓的累积循环因果理论。

1958年，美国经济学家赫希曼提出的"涓滴效应"理论的实质与缪尔达尔的理论非常相似，但是他持有的态度相对比较乐观，他认为增长极理论虽然是客观存在的，但造成的现象是"涓滴效应"与"极化效应"并存。以长期的发展眼光来看，对于经济发展过程中区域或城乡间的差距，在"涓滴效应"的作用下，有很大可能会逐步缩小。想要彻底了解增长极理论，首先就要了解该理论产生的基础，即经济空间，生产要素在区域与城乡发展中的转移与规律，以及产生的效应。

（四）职住平衡理论

职住平衡（jobs-housing balance）最初的内涵是指新城市在建设和发展的过程中，一定要尽最大可能完善城市的服务设施，也就是说城市服务设施配备得越齐全，城市中居民的就业和居住的分布也就越均衡，最终的目的就是要保证城市居民居住地与工作地距离在合理范围内，也就是达到理想的步行距离。西方规划师之所以会产生这样一种规划理念，一个很重要的原因就是"城市病"。城市病就是在城镇化发展的过程中，由于人口的不断增加，相应的配套设施和资源没有及时跟上，资源的分配无法平衡，秩序也出现了一定程度的混乱，各种问题开始层出不穷。为了克服城市病，合理地对城市进行规划是非常必要的，这也是职住平衡理念提出的现实基础。在这个理念提出之前，霍华德曾经提出了"田园城市"理念，该理念认为居住空间与就业空间之间的理想状态应该是距离适当、发展平衡，这也是职住平衡理论的源头思想。相当一部分城市规划与管理者对职住平衡理论深表赞同。

随着时代的不断变化与进步，职住平衡理论的内涵也发生一定程度的改变。当前，职住平衡理论的内涵更多从一定范围内考虑，即在城市的居民中，劳动者的数量与城市提供的岗位数量应该大致相当，只有这样，才能为居民创造就近工作的机会与条件。一旦具备这样的条件，工作环境与居住环境的距离得到保证，通勤方式自然会多样化，人们可以选择步行的方式上下班，也可以选择骑自行车的方式上下班，还可以选择其他非机动车方式；即便采用机动车方式也会因为距离的因素节省很多时间。多种通勤方式的选择对于减轻交通拥堵及减少空气污染非常有帮助，尤其是减少机动车中小轿车的使用，对于环境保护更加有效。

目前，职住平衡理论在国际上受到了广泛关注，经过长时间的研究，学者认为职住关系的度量指标大体可以分为以下两种类型。

第一种类型是直接度量法，也就是对某一个特定空间中的居住数量和就业数量及两者之间的平衡关系进行直接度量，至于居住数量和就业数量的关系是不是正相匹配，并不是该类型的研究重点。例如，在对某一区域的职住平衡进行研究时，"就业居住比"就仅仅是该区块内部的就业岗位数量与居住人口数量之间的比值，至于这些居住人口的就业地点是不是这里，并不是这项研究的重点。

第二种类型对居住人口与岗位数量的匹配程度更加关注，也是职住平衡理论度量的主要方向。例如，在理解"本区块内居住人口在本区块就业的比重"这句话时，第一种类型更看重名义上的数字和成果，而第二种类型更加注重实际，对于一个区块来说，实质上度量的是居住人口与就业状况的平衡程度。

反映职住实质性平衡的职住平衡指数包含两个子指数——居住者就业平衡指数和就业者居住平衡指数。

在本区块居住的劳动力，有多大比例选择在本区块就业是居住者就业平衡指数所描述的内容。学者在经过深入研究之后发现，职住平衡指数还会因工作技能的高低而有所变化。通常来说，如果某项工作的技能性相对较高，那么居住地方和工作地方的距离相对要远一些，也就是说这项指数相对较低；如果相应范围内拥有更多的国有企事业单位，那么这个指数也会相应增高。不同的交通工具也会对这个指数产生一定程度的影响，最具影响的交通工具就是地铁，地铁的出现与增加加大了人们远距离工作的意愿，这也就意味着该指数会因地铁的出现而降低。除了劳动力人力资本水平外，其他家庭特征也是影响该指数空间差异性分析的一个重要原因，主要有两种，一种是组成家庭的人口数量。家庭人口数量越多，在选择居住地时就要有所权衡，每一个家庭成员需要去权衡家庭内多个就业者的工作地，这会拉长每个就业者的职住空间距离。另一种是承担家庭责任的轻重。家庭责任越重的就业者，会选择在较近的位置工作，这会抬高该指数。目前研究中主要关注两个家庭责任变量：一个是家庭里是否有小孩，有小孩的家庭，家长需要花很多时间在孩子身上，往往会选择在较近的地方工作；另一个是性别，通常认为女性就业者需要承担更多的家庭责任，也会尽可能地缩短通勤时间。

在本区块就业的劳动力，有多大比例选择在本区块居住是就业者居住平衡指数所描述的内容。不同的产业（及微观的企业个体）会雇用不同类型的劳动力，这些劳动力的通勤成本会被资本化到他们的工资中，从而进入企业的生产成本，而这些劳动力的人力资本水平也直接影响企业的经济产出。因此，该区块内产业所对应的企业性质、劳动力人力资本水平及交通可达性，会影响劳动力市场上企业与劳动力的搜寻和匹配过程，从而形成相应的居住和就业空间关系。研究表明，技能越高的劳动力，与之匹配的就业机会越稀疏，虽然需要就业者在较大的空间范围内进行搜寻以找到合适的工作机会，但相应的收益也越大，这意味着高技能劳动力（及相应行业）会对应较低的就业者居住平衡指数。如果该区块有较为完善的交通基础设施，如轨道交通，能够有效地降低通勤成本，那么就业者居住平衡指数有可能会被进一步拉低。这是因为就业和居住的空间位置可以进一步拉开，而实际的交通时间并不会被延长很多（劳动力成本也不会上升很多）。

城市空间增长管理的核心是就业（"职"）和居住（"住"）的互动关系。在中国许多城市进入整体拥堵时期的现实背景下，通过职住平衡降低交通出行需求成为城市规划和管理者的政策着力点，但还缺乏相应的定量决策支持工具。对于职住平衡实现的途径，学者们提出了不同的观点，主要集中于市场作用、政府政策干预等。

一般情况下，主要依据在一个地区平衡了就业和居住之后，能否缩短居民的通勤时间和通勤距离，从而减少交通拥堵和空气污染来评判职住平衡是否有效。在此基础上，又有很多学者提出"步行就业圈""半小时就业圈"等概念。影响职住平衡的主要因素包括城市空间规划、住房供给模式、区域就业机会、区域生活成本、公共交通及生活综合配套完善程度等，推动职住平衡涉及法规制度、保障体系、经济发展等方方面面。职住过度分离会带来潮汐式交通高峰、市民通勤距离和费用支出增加、影响城区服务经济发展等诸多问题，实现职住平衡是评价产城融合的一个重要指标。研究发现，简单认为职住平衡就是指一个区块内的就业岗位数量和住房数量相等（或近似相等），是不符合客观市场规律的，因此也难以实现。基于上述发现，学者提出城市规划与管理者应该对塑造城市职住空间关系的这些经济机制有更为深入的了解，如此才能设定更为科学的规划指标，形成合理的职住关系，从而提高城市空间效率并改进居民生活质量。

（五）可持续城市理论

一些国际组织和学者在可持续发展理论的影响下，开始提出可持续城市概念，并试图在城市建设中加以实践。1991 年，联合国人居署和联合国环境署在全球范围内提出并推行了"持续城市发展计划"（Sustainable Cities Programme，SCP）。此后，坦桑尼亚、印度、巴西、波兰等国家开始尝试在城市建设中引入可持续发展理念，我国的武汉市和沈阳市也于1996 年加入这个计划。1994 年，欧盟发起了"欧洲可持续城镇计划"（European Sustainable Cities and Towns Campaign，Sust-CTC）。之后有更多的国际组织和国家开始了对城市（社区）可持续发展理论的研究和实践。2000 年 7 月，在柏林召开的 21 世纪城市会议（Urban 21 Conference）对可持续城市做出如下定义：可持续城市是指改善城市生活质量，包括生态、文化、政治、机制、社会和经济等方面，而不给后代遗留负担的城市发展模式。

国内也有很多学者从经济学、生态学等不同角度解释可持续城市的概念和内涵。例如，王新文认为城市可持续发展至少包括两个方面的内容，即可持续的城镇化和城市的可持续化。[1] 赵景柱等认为可持续城市是具有保持和改善城市生态系统服务能力，并能够为其居民提供可持续福利的城市。[2] 在可持续城市建设路径上，喻红阳等提出应从经济、环境和文明 3 个层面推进，即提高工业化、现代化和信息化水平，提高土地等资源的利用效率，完善社会保障体系，注重环境保护和促进全民参与。[3]

---

[1] 王新文：《实现我国城市可持续发展的战略选择》，《发展论坛》1998 年第 7 期，第 31 ～ 32 页。

[2] 赵景柱、崔胜辉、颜昌宙、郭青海：《中国可持续城市建设的理论思考》，《环境科学》2009 年第 4 期，第 1244 ～ 1248 页。

[3] 喻红阳、袁付礼、李海婴：《中国城市化的挑战与城市可持续发展》，《城市管理与科技》2003 年第 3 期，第 102 ～ 104 页。

国内学者认为，可持续城市应该包含合理的产业结构、完善的公共服务、良好的生态环境、高效的城市管理及持续提高的人口质量和居民生活水平等基本特征，其经济增长和社会进步都建立在一个持续发展的模式上。从可持续城市的内涵来看，其与产城融合发展目标有着很多的相似之处。

可持续城市作为一个前瞻性的理论议题，它尝试超越城市自身的经济利益，旨在在广阔的空间尺度当中、多维的价值诉求之下，探寻出能够满足可持续发展目标的城市理想运行模式，这是它与传统城市发展理念的本质区别。对于任何国家和地区而言，如何规划设计出科学合理的可持续城市运行模式，推进城市地区迈向可持续发展目标，将成为城市规划与管理者所必须应对的一项艰巨挑战。

由于可持续城市议题存在多维的价值目标和复杂的理论内涵，研究机构和规划学者的探索方向也日渐多元化，并逐渐形成了一系列极具差异性的概念模型。根据国内外相关领域的文献检索可以发现，这些模型包括宜居城市（livable city）、生态城市（eco-city）、区域城市（regional city）、慢速城市（slow city）、健康城市（healthy city）、紧凑城市（compact city）、安全城市（safe city）、包容性城市（inclusive city）、弹性城市（resilient city）和低碳城市（low-carbon city）等。尽管多元化的理论探索和差异性的概念模型在一定程度上体现了可持续城市议题的研究热度，然而这也在客观上引发了可持续城市建设实践当中的观点分歧与政策争议，并不可避免地影响了可持续城市理论的实践价值。因此，需要回答的关键问题是，如何理解这些差异性概念模型之间的本质区别与内在联系？这些概念模型在可持续城市理论发展谱系当中处于什么位置？

面对可持续城市理论的内涵复杂性和模型多元化，基于"目标定位—运行机制"的分析框架，我们对可持续城市概念模型的理论内涵及其相互关系进行了系统辨析。研究发现，在目标定位层面，社会目标主导下的概念模型包括宜居城市、慢速城市和健康城市等，环境目标主导下的概念模型包括低碳城市和生态城市等，紧凑城市和安全城市等同时关注于社会和环境目标；在运行机制层面，物质空间改良范式下的概念模型包括宜居城市和紧凑城市等，行为活动调整范式下的概念模型包括慢速城市、安全城市和健康城市，复杂系统重构范式下的概念模型包括低碳城市和生态城市等。

对于可持续城市理论的发展趋势，可以做出如下基本判断。

1）从价值取向来看，可持续城市理论的目标设定已不再停留于相对空泛的社会公平或环境保护方面，而开始聚焦到一系列更为具体的、多样的现实议题上来，并将"全球—区域—地方"的跨尺度联系结合起来。例如，低碳城市关注于环境层面的全球气候保护，慢速城市关注于社会层面的地方传统生活等。

2）从设计范式来看，可持续城市的概念模型不再单纯局限于物质空间形态或活动行为方面的特定因素，而是关注于城市作为"自然—社会—空间"统一体的复杂运行机制，兼顾空间形态、技术手段、经济运行和社会活动对城市可持续发展的综合作用。例如，低碳城市同时考虑到城市生产、生活和形态等对温室气体排放的复杂性影响。

人们也清醒地认识到，可持续城市作为一个复杂议题，其理论观点和概念模型远未成熟，在今后可持续城市建设实践当中仍将面对分歧和争议。尤其是面对全球、区域和地方层面复杂多变的政治环境，当前与可持续城市相关的各种概念术语和政策主张层出不穷，使得可持续城市的理论研究不能顺利有效地进行。鉴于此，我们应该从我国快速城镇化进程当中最为迫切的现实问题出发，摆脱对各种热点概念的盲目追捧。只有深入分析地方城市的空间形态、活动行为和系统运行对可持续发展的深层影响机制，才可能探索出可持续城市建设的本土化策略。

三、产业化与城镇化的相互关系

产业化与城镇化相互关系的历史进程、理论阐述，以及新型城镇化过程中的产城融合路径是产业化与城镇化相互关系的重要内容。

（一）产业化与城镇化相互关系的历史进程

从某种意义上说，产业分工对城市的起源和城乡的分离起到了促进作用，而城市的演进则是产业分工深化的结果。单纯的工农业部分分工，不是城市出现的充分必要条件。随着交易效率的不断提高，整个均衡由自给自足向局部分工演变，最终发展到完全分工，产业内分工深化，城市才得以出现。城市的发展与产业始终存在着一种动态相关、相互促进的密切关系。一方面，城市作为产业的载体和共生地，其功能之一就是支持工业的发展；另一方面，产业作为城市的基本内容之一，其创造力和影响力是城市活力的集中体现。承担不同社会资源和功能聚焦的城镇化和工业化，通过资本、技术、劳动力等生产关系要素在特定空间内不同维度上的表现来反映其过程。因此，城镇化实质上是一个产业资源配置和调整的良性循环过程，与工业化存在着共存、渗透、交织的复杂关系。从进化的角度看，城镇化与工业化的互动可分为3个阶段。

1. 产业化拉动阶段

以历史发展的角度来看，城镇化的过程始终都是伴随着工业的脚步而不断发展、演进的。产业的发展方向决定了城市功能的地位和发展方向，尤其是在城市发展的初期，其作用是主导性的。

2．城市和产业协同发展阶段

当产业发展到一定程度时，它对城镇化的推动作用就开始减弱，而城市因为具备了经济要素的聚集功能和生产组织的扩散功能，反过来进一步促进产业的分工和工业的规模化扩大，使得城市产业以一定的经济范围进行布局。当城市发展越来越成熟时，城市可承载的功能就会越来越多，使得城市在制度、文化、生态、教育等方面表现出更多的生机和活力。当将这些作用和资金、人才、技术结合起来时，就会对旧产业产生强大的推动作用，对新产业产生强大的催生作用，促进城市整体或区域经济发展水平的提升。具体表现为城市的郊区化和产业的多元化发展趋势。

3．大都市圈和大产业的网络化协同阶段

城市的发展会催生出相应的以知识和创意为基础的创新网络，并与城市和产业形成有互动作用的新机制。随着现代交通和信息技术的发展，人与人沟通和信息传递的成本越来越低；同时计算机技术、生物科技、清洁能源等高新技术产业的不断发展推动了城市经济的高速发展，在此基础上的物流系统、信息系统、资金流等超出了单个城市或区域的范围，加速了城市与城市之间，区域与区域之间的经济、技术、人才及资源的流动，于是以两个或两个以上的超大型城市为中心的"都市圈"就出现了。城市产业随着自身的不断发展形成了跨城市或区域的"大产业"格局，城市与城市之间产业的不断联动，城市功能的不断协同互补，使得都市圈内的产业和城市功能突破了地域限制，进入了资金、资源、人才、技术甚至是公共服务等网络相互协同发展的阶段。

（二）产业化与城镇化相互关系的理论阐述

产业发展是城镇化可持续进行的内在根本、产业集聚推动城镇化的内在机制等是产业化与城镇化相互关系的理论阐述的主要内容。

1．产业发展是城镇化可持续进行的内在根本

当城市发展到一定水平时，决定城市增长的因素就由资源转变为城市能够聚集资本、可获得劳动力的能力水平。此观点源自缪尔达尔的累积循环因果理论。该理论认为当城市具有自身主导产业时，主导产业具有的派生其他新产业的能力，使得新生产业逐渐成长为另一项主导产业，并获得派生能力，由此城市产业就形成了一个不断累积循环的发展过程，这种过程使得城市不断获得产业的推动力而逐步向前发展。由此可见，城市的发展问题就是产业的发展问题。董伟（2010）认为城市新产业区的发展是加快中国城镇化进程的必然选择；刘永萍和王学渊（2014）指出工业的聚集效应可以提高城镇化的水平，而第三产业的发展则是城镇化水平提高的持续动力。他们分别从城市新产业的派生作用和城市的聚集效应的角度来分析产业发展与城镇化的关系。而从相关研究成果来看，产业的发展确

实在作为城镇化的动力源头而存在，始终为它提供动力和加速作用，具体表现如下。

1）劳动力从产业结构演变向非农产业转移，可以促进各生产要素向城镇集聚，通过提高工业生产效率、扩大就业空间、增加就业机会、提高就业水平等途径，加快新型城镇化进程。同时提高居民收入，扩大消费需求。

2）产业集群产生的网络合作机制，可以使具有产业基础的专业城镇或园区成为"就业池"，吸纳更多的劳动力，从而不断促进劳动力市场的专业发展，使专业劳动力市场中的员工更容易利用产业集群。企业生产组织系统的优势嵌入当地的社会网络中，从而进入当地的社会服务体系，在政策允许范围内，为推进新城镇化开辟新途径。

产业结构的具体形态表现为三大产业，三大产业与城镇化有着密切的关系。虽然城镇化的动力是工业化，但城镇化的基础是农业的进步和发展，城镇化对农业发展起着积极的作用。具体表现在以下两个方面：①城镇化使人口由农村转移到城市，可增加农产品需求，提高居民收入；②农产品由农村运到城市，带动了交通运输等农业服务业的发展。

进入工业化时期，第三产业和城市化的关系渐渐受到关注。Moir 使用 75 个国家的数据进行考察，在经济发展水平低的时期，第二产业与城镇化的关系更加紧密；经济发展到更高层次的阶段，第三产业与城镇化的关系更加显著。[1] Singelmann 认为城镇化对发展第三产业起着重要作用，能够推动国家经济向服务型转变，城镇化是服务业发展的重要基础。[2] 根据 Daniels 等的研究，城市发展在一定的空间领域形成了专业的市场，为第三产业的发展和扩大创造了条件，并且促进了第三产业员工的增加。[3] Messina 通过计量分析，认为城市化水平对第三产业的就业规模有显著的促进作用。[4]

2. 产业集聚推动城镇化的内在机制

国内外学者经过长时间的调查和研究，发现城镇化进程与工业化的发展密切相关。藤田昌久等融合了微观经济学、经济地理、城市经济学等研究成果，利用规模收益的增加、交易费用和不完全竞争等经济学理论，分析了产业密集的原因，城市、空间经济及产业密集的关系，形成了空间经济学。[5] 在经济活动中，活动的经济主体为了获得经济收益，选

① Moir H, "Relationships Between Urbanization Levels and the Industrial Structure of the Labor Force", *Economic Developmentand Cultural Change*, 25(1976): 123–135.

② Singelmann J, "The Sectoral Transformation of the Labor Force in Seven Industrialized Countries,1920–1970", *American Journal of Sociology*, 83(1978): 1224–1234.

③ Daniels P W, O'Connor K B, Hutton T A, "The Planning Response to Urban Service Sector Growth:An International Comparison", *Growth and Change*, 22(1991): 3–26.

④ Messina J, "Institutions and Service Employment: A Panel Study for OECD Countries", *Labour*, 19(2005): 343–372.

⑤ 藤田昌久、克鲁格曼、维纳布尔斯：《空间经济学——城市、区域与国际贸易》，梁琦译，中国人民大学出版社，2011，第 4～5 页。

择在某个地区进行大规模生产。市场因生产活动的集中而逐渐扩大，同时集聚效应带来的劳动市场的资源共享和知识、信息流让更多的经济主体得以聚集，从而不断推动城市经济的发展。Mills 和 Hamilton 将产业的集聚过程和区位选择作为城市形成和城镇化发展的因素。[1] 葛立成认为产业集聚是城镇化的基础。[2] 陈柳钦和黄坡从外部性视角说明了产业集聚对城镇化的作用机制[3]，产业集聚在城镇化过程中具有集聚效应和资源共享效应，为城镇化准备必要的技术、人力、公共设施等要素基础。花建将该观点拓展到文化产业领域，认为如果能推进文化产业集聚发展，会使中国城镇化更加健康地发展。产城融合作为产业经济学和城市经济学的重点内容，其发展的理论基础是产业合理集聚产生量变，进而推动城镇化发展。[4]

3. 城镇化是产业集聚的空间载体

城市经济的集聚效应理论表明，城镇化可以扩大生产性服务业和生活性服务业的市场需求，进一步提高创新要素的集聚水平，增强创新凝聚力和创新活力，为传统产业转型、战略新兴产业的高效发展、产业结构的变化和升级提供建议。Keeble 和 Wilkinson 认为城镇化能促进产业集群和提升企业生产效率。[5] 吴丰林等从城市布局和城市研发能力的角度出发，对城市产业集聚动态机制和模式进行了深入的研究，他们认为凭借良好的城镇化发展条件（如强大的研发功能）可以吸引更多高品质的产业集聚。[6] 现有理论和研究可以充分说明具备创新要素的集聚能够增强创新活力，最终驱动传统产业升级和新兴产业发展，推动产业结构转型升级。从这层意义上讲，城镇化能为产业发展提供集聚的平台。新型城镇化的水平与质量决定产业集聚的水平与质量，城镇化的质量越高，越能强有力地促进产业集聚，越有利于产业升级和产业结构优化。城镇化的层次越高，就业机会越多，人们工作的时间会更自由，获得的收入越高，城市人才的积累越多，城市空间的规模越大，这为产业聚集拓展了空间。城镇化作为产业集聚的积极能量，是产业集聚的空间载体，同时也为产城融合的发展提供了理论支撑。

4. 产业与城镇化具有互动性

产业与城镇化之间有着很强的动态关联，它们相互促进并共同发展。如果没有产业，

① Mills E S, Hamilton B W, *Urban economics* (New York:Harper Collins College Publishers,1994), P.1.
② 葛立成：《产业集聚与城市化的地域模式——以浙江省为例》，《中国工业经济》2004 年第 1 期，第 56～62 页。
③ 陈柳钦、黄坡：《产业集群成长的制度原因、绩效、风险和创新分析》，《学习与实践》2007年第 1 期，第34～43 页。
④ 花建：《文化产业集聚发展对新型城市化的贡献》，《上海财经大学学报（哲学社会科学版）》2012年第2期，第3～10页。
⑤ Keeble D, Wilkinson F, "Collective Learning and Knowledge Development in the Evolution of Regional Clusters of High Technology SMEs in Europe", *Regional Studies*, 33(1999): 295-303.
⑥ 吴丰林、方创琳、赵雅萍：《城市产业集聚动力机制与模式研究进展》，《地理科学进展》2010 年第 10 期，第 1201～1208 页。

就会使城市"空心化"，城市居民就会因就业机会不足而陷入收入无法确保等困境。如果没有城市，产业将"空转"，产业升级、结构优化、集聚发展所需的平台将不足。从优化产业结构、促进产业转型升级来看，要提高城镇化水平，确保城镇化顺利推进，促进产城融合发展是一条有效途径。产城融合发展，不仅有助于扩大产业发展的空间，也有助于建立城镇化动力机制。产业发展和推进新型城镇化应协调一致，我们不仅要重视城镇化对产业的促进作用，还要重视产业的支持功能。我国正处在新型城镇化发展的重要时期，应以人全面而自由的发展为出发点和落脚点，以人为城镇化的核心和重点，如此才能积极促进产业和新型城镇化的融合发展。以城镇化为途径为产业提供发展空间，以产业为动力提升城市质量，切实保证新型城镇化的顺利推进，让我国未来经济有持续增长的动力引擎，保障人们向全面而自由的方向发展。

（三）新型城镇化过程中的产城融合路径

推进新型城镇化，必须将产城融合看成一个体系，在发展理念的基础上，统筹协调产业选择与城镇定位、产业集聚与人口转移、产业功能与城市功能的关系，促使产业发展与城镇发展有效衔接，促进产业体系与城镇体系高效融合。

1．产业发展规划与城镇发展规划相衔接，实现产业发展与城镇发展相结合

产城融合的原动力和基础，也是城市空间计划、土地利用计划和建设计划中必须考虑的主要问题。因此，产业规划是产城融合开发计划的核心，产业的发展是产城融合的内在动态机制形成和发展的过程。为了实现产城融合，必须将重点放在合理的产业计划和建设上，把产业开发计划纳入综合的城市开发计划中。要确定城市开发规模和程度，就要调整产业移动和城镇化的关系，保持产业开发规模和程度与城市发展状况相一致，使城镇化有机地与区域性产业发展相结合。

2．优化城镇空间布局，实现城镇功能与产业功能相融合

空间是产城融合的重要支援。城市系统的开发框架和空间布局是否合理优化，直接影响产城融合的综合水平与质量。因此，应根据地域经济空间组织的规律和相关开发要求，有效地将城市空间布局与产业功能相融合，提高土地利用率，为产城融合提供更强的承载能力。城市规划和区域合作，应把四个现代化的同步化和区域联合的水平作为优化城市空间功能布局和产业布局的机会来实现。同时，加快交通规划、生态布局、城市群体运营商建设，实现城市各功能领域、城市发展空间网络单元相互连接，建立产业复合体，实现规模适当、服务配套齐全的有机连接及良好功能互动的区域关系。

3．增强吸纳农业转移人口能力，实现产业集聚与人口转移相均衡

产城融合的主体是人口。促进农业人口转移是城镇化的重要课题。因此，为了实现产

城融合，需要继续加强城镇对农转非的新城市人口的吸纳能力，遵循市场规制原则，通过公共资源的指导加以补充，保证新农转非的城市人口区域内的稠密度适中，转移过程井然有序，实现产业聚集及人口聚集在地域和空间上的平衡。全面发挥产业集聚功能和城镇化空间效应，扩大城市规模，提高城市综合实力，实现农转非的新城镇人口与产业所能吸纳的就业人口的衔接匹配。具体步骤如下。

1）以产业集聚地区为载体，提高产业、人口、生产要素的集聚能力，主张产业集聚和人口移动同步推进。集聚生产人口的同时，也要实现生活人口的集聚，完成产业与就业、生活与生产的多元化整合。

2）推动专业集群化的投资，让产业承担起城镇化过程中人口转移的承接功能，并增强产业承接功能的内生动力。在产业集聚过程中，重点构建规模可观、竞争力强、增长性好、关联度高的产业集群，使产业所蕴藏的信息、技术、资本、政策、资源等的集聚效应最大化，带动农村人口向城市流动，完成农村闲置劳动力向城市的转移。

4. 完善公共服务与基础设施，为产城融合发展提供基础保障

公共服务和基础设施是实现产城融合发展的重要前提。只有基础设施及公共服务设施满足工业和城市发展的需要，城市的整体承载能力得到加强，才能反过来促进产城融合的良性运行。因此，产城融合发展是社会服务体系建设和公共服务管理系统化的动力。只有不断完善公共服务和基础设施，构建融合发展的功能支撑和要素保障，才能将各种基础设施和公共服务资源有效整合，从而实现产城融合发展环境最大限度的优化。

5. 破除体制机制障碍，为产城融合发展提供制度保障

要推动产城融合发展，需要形成有利于城镇化健康发展的体制结构，驱动一系列体制改革，对二元户籍制度和户籍制度派生的二元就业、教育、医疗、社会保障等体制进行综合性组合改革。产城融合发展是综合的系统工程，需要通过统一规划、整合各方面资源共同推进、发挥市场机制的决定性作用来实现。

四、协调发展相关理论

系统论和协同论等现代科学方法论较经济学理论中的协调发展思想更加完整而系统地探讨了协调发展的理念和方法。

（一）系统论

20 世纪 40 年代，美籍奥地利生物学家贝塔朗菲最先提出系统论这一概念。贝塔朗菲将系统看作由各部分或子系统按照一定规律组成的具有特殊功能的整体。这便成为系统论最初的一般定义，之后这一理论推广到其他领域，从而形成了跨学科的现代系统论。我国科学家钱学森将系统论归结为由很多部分组成的，互相依赖、互相作用的，并具备整体性、层次性、功能性、适应性、相关性等特征的具有特定功能的有机整体。一般来说，系统论的基本原理主要包括以下 4 个。[①]

1. 系统整体性原理

系统由两个或两个以上的部分或要素通过一定结构模式有机组合而成，当系统内部的元素组合结构呈合理、有序状态时，系统的整体功能将大于它的各部分功能之和。

2. 动态相关性原理

系统的变化发展在于构成系统的不同子系统、组件、元素、环境之间相互依存、相互影响的密切关系。它们构成了系统变化和发展的条件，其变化又限制了系统的动态变化。

3. 等级层次性原理

系统的层次性体现在系统本身和子系统或各个组成部分之间高低不同的等级关系上，它们构成了系统复杂而各有差异的结构和功能，并且以相互联系、相互作用的关系而存在。

4. 系统有序性原理

由于系统的结构和层次在一定的时间内稳定，其结构和功能的动态发展具有明确的方向，系统具有秩序的特性。系统在序度上会发生变化，这会直接体现在系统的整体性上，并表现出一定的正相关关系。当序度由高到低变化时，系统的整体性呈现由强到弱的变化；反之，系统的整体性呈现由弱到强的变化。

理论范式和应用概念的关系就是系统方法论与产城融合概念的关系。区域系统分析方法，就是把区域经济作为一个系统，以系统论的方法分析区域经济系统的构成要素、影响因素、发展阶段等。如果把产业、城市功能等作为区域经济系统之中的要素，那么产城融合实际反映的就是区域经济系统之间的要素互动关系。如果把城市作为一个复杂的系统，那么它包括生产、生活、生态等各类空间，也必须具备生产、生活、游憩和交通等功能。城市的发展是各系统之间综合作用的结果。

产城融合发展的必要性是由系统的特征决定的。例如，如果将常州视为一个区域经济体系，那么常州的产业、城市和居民就是系统的子系统。系统论认为要将区域系统的任何子系统都作为统一的整体来考虑，而不是其中任何单独的一个。要使子系统得到"1+1>2"的效果，就要充分考虑它们的完整性，否则，"三个和尚没水喝"的现象就会发生。

---

① 芮国强：《产城融合发展——常州实践与特色》，社会科学文献出版社，2017，第 42 ～ 43 页。

（二）协同论

1971 年，德国斯图加特大学教授哈肯提出协同论的概念。协同论的具体观点为无论是自然体系还是社会体系，其具体属性可能存在差异，但在整体环境中，不同体系之间存在互相影响、合作的关系。协同论主要包括以下 3 个方面的内容。[①]

1. 协同效应

协同效应是不同子系统因其等级关系而相互作用的总体效应。协同效应是一种内在的动力，促使系统合理地组织结构，从而使系统能够在一定程度上以质变的方式发展，从混乱状态过渡到有序状态。

2. 伺服原理

系统各个组成部分的发展速度和重要性各不相同。伺服原理是，在系统变化与发展中，快的变量的发展速度要服从于慢的变量，形态结构的变化决定于变量中起主要作用的少数（又叫序参量），它们共同构成了决定系统整体发展方向和状况的重要因素，因此，应当重视这些因素在系统发展中所起的作用。

3. 自组织原理

与他组织相对应，自组织是指系统在没有外部干预和影响的条件下，其内部各子系统之间自发作用，根据某种规则自动形成一定的结构和功能。之所以会发生自组织现象，是因为系统的不同子系统之间存在协同作用，能够在一定的时空维度上形成有序的结构。

（三）系统论和协同论对产城融合发展的启示

产业结构和城镇化是经济系统的两个子系统，它们是具有许多因素和复杂结构的大系统。产业结构不仅包括 3 个行业之间的关系，还包括 3 个行业内的特定产业之间的关系。城镇化不仅包括非农业产业的集聚和城市人口的集聚，也包括城市空间结构的调整、居住方式的变化、生活方式的变化、生态环境的保护。系统论和协同论，以及其他科学方法论利用了系统之间协调发展的必然性和规律性，在产城融合发展中发挥重要的领导作用。因此，要实现产城融合，必须在系统论和协同论的指导下，坚持整体性、动态相关性、等级层次性和有序性的原则，重视低速变量和影响其互动型发展的序参量，促进产业结构和城镇化的相辅相成，使自我组织化发挥出最佳效果，实现产业结构与城镇化之间的积极相互作用和协调发展。

五、城市更新理论

城市更新是城市中不适应现代都市社会生活的地区进行的有计划性的改造活动。

---

① 芮国强：《产城融合发展——常州实践与特色》，社会科学文献出版社，2017，第 45～50 页。

1958 年 8 月，在荷兰海牙市召开的城市更新第一次研究会上，对城市更新做出了如下解释："生活于都市的人，对于自己所住的建筑物、周围的环境或通勤、通学、购物等其他的生活，有各种不同的希望与不满。对于自己所住的房屋的修理改造，街路、公园、绿地、不良住宅区的清除等环境的改善，有要求及早施行。尤其对于土地利用的形态或地域地区制的改善、大规模都市计划事业的实施，以便形成舒适的生活、美丽的市容等，都有很大的希望。包括有关这些都市改善，就是都市更新。"

（一）城市更新的起源

城市再生伴随着城市发达的整体过程，20 世纪六七十年代，美国开始了现代意义上的大规模城市再生运动，联邦政府为了清除城市的贫民窟，以给当地政府补贴进行政府行为的征收，再以转租开发商的形式予以改造。此次城市更新主要是由宗教、种族、收入差距形成的居住分化和社会冲突引起的。城市更新运动较旧城改造而言，并不是单纯地优化城市布局、改善基础设施，而是会涉及城市的居住环境、城市治安、经济状况等综合性的更广泛的内容。美国当时的城市更新运动引发了相当多的社会问题，如拆迁对贫困人口和非白色人种造成的不公等。诸多的问题使得这项城市更新运动受到了众人的严厉批评，最终被迫中止。20 世纪 80 年代以后，美国大规模的城市更新运动停止，总体上进入了谨慎的、渐进的、以社区邻里更新为主要形式的小规模再开发阶段。

所谓城市土地再利用，则是对于小块土地或建筑物重新调整用途（如将工业区、码头区转变为商业区等）。在早期工业化国家——英国，城市更新的任务更加突出，也更倾向于使用"城市再生"这个词。其意义不仅仅在于城市物理环境的改善，更重要的是社会经济的更新。

（二）城市更新的性质

城市更新的性质可以从目标、对象选择、手段选择和过程 4 个方面来阐述。

1. 目标方面

城市更新是城市计划主动创造良好的城市环境的一环。城市更新的行动目的和城市计划的本意皆在营造良好的生存环境。

2. 对象选择方面

城市更新作为一项针对城市中既有的不良形象的改造行动，其主要目标对象为城市中心条件差的地区。除此之外就是一些更新需要较急迫，或是不能令人满意的因素或对象，如环境、基建设施等。

3. 手段选择方面

由于城市环境这个大范畴不仅包括实在的物质环境，还涉及心理、社会、文化等非物质形态的因素，因此，更新手段已不局限于重建、整改、维护这 3 种方法，凡是能够改变现存不良环境状况的手段都可以采用。

4. 过程方面

城市更新具有持续不断的过程性，体现为随着城市的发展和环境信息的不断输入，城市更新也不断进行，永无终点。

（三）城市更新的方式

城市更新的方式可分为再开发、整治改善及保护 3 种。

1. 再开发

一般来说，在生活环境质量进一步恶化的地区，建筑物、公共服务设施、市政设施成为再开发的对象。不能适应城市生活要求的建筑物不仅会降低居民生活质量，还会阻碍普通经济活动和城市的进一步发展。因此，有必要拆除原来的建筑物，重新考虑整个地区的合理利用计划。在旧市区的改建规划中，应当考虑建筑物的利用、规模，公共活动空间的保存、设定，街道的扩展、新建，停车场的设定，城市空间的景观。再开发是较完善的更新方式，并且对于城市的空间环境和景观会产生有益的效果。同时，因为再开发在投资方面风险更大，所以在完全没有可替代的可能时，它才被使用。

2. 整治改善

通常情况下，建筑物和其他市政设施仍然可用，但由于缺乏维护，设施老化、建筑物受损和环境恶劣的地区是改善的对象。必须对改进区域进行详细的调查和分析，大致分为以下 3 种情况。

1）公共服务设施布局不当，这种情况下应当增加或者调整公共服务设施的配置和布局。

2）建筑物在设备维修、改造及更新后，可继续使用相当长一段时间，则应给予该建筑物不同程度的维修、改造或更新。

3）设备经维修、改造、更新后，建筑物仍不能使用的，或者因建筑物密度过高、用地不当造成交通混乱、停车场不足、交通不便的，应通过各种方式予以解决。例如，拆除一些建筑物，改变建筑物、土地的用途等。该种更新方式比重建所需的时间要短。它可以减轻移民安置的压力，减少投资。这种方式可以应用于需要更新但仍可以恢复且不需要重建的区域或建筑物。改造和改善建筑物，不仅为了防止其公共服务功能的弱化，还为了能够全面改善老城区的生活质量和生活环境。

3. 保护

需要注意的是，古建筑和符合良好环境条件的历史性地域是受保护的地区。保护是社会结构变化最小、环境能耗最低的更新方式，也是一种预防性措施，适用于古城区。

历史性地域的保护，突出表现在对地域居民生活居住地的保护，以及对外部环境的关心方面。为此，为了保护古城、历史遗迹的传统特征和综合性的环境，有必要鼓励个人积极参加区域基础设施建设，改善居民自身的居住环境。除了改善物质形态环境外，还必须就具体情况做出特别规定，如限制建筑密度、人口密度、建筑物用途及其合理分配和布局等。

实际上，可以根据实际情况对以上方法加以组合使用。

（四）"七图叠加"理论：中国城市更新的创新模式与实践

1. 信息鸿沟——制约城市更新的瓶颈

在经济进入新常态、城镇化深入推进、土地集约利用不断强化的背景下，中国的城市更新将成为推动经济新旧动能转换的重要力量，同时也将深刻地改变城市的经济社会格局。

相较于欧美发达国家，中国城市更新的实践刚刚起步，仍面临着诸多问题。中国房地产数据研究院课题组直接参与了部分城市更新的实践，并研究了大量的相关案例，他们发现由信息鸿沟导致的资源不匹配是制约中国城市更新发展的主要瓶颈，具体表现为以下两点。

1）市场主体没有充分领会政府意志，一些地方出现开发商有意愿、有热情而政府不认可，或是政府有规划而开发商不知情的情况。

2）市场资源难以有效匹配，一方面是部分存量土地资源闲置或低效利用，另一方面是新兴产业缺少发展空间、开发商难觅投资机会。

2. "七图叠加"理论——破解城市更新瓶颈之道

针对中国城市更新实践的信息鸿沟问题，中国房地产数据研究院课题组通过对全球城市更新理论与实践的深入研究，并结合多年参与城市更新实践的丰富经验，首次正式提出了城市更新的创新理论——"七图叠加"理论。"七图叠加"理论是指在完成绘制一座城市的未来前景图、政策路径实现图、土地现状图、城市总体规划图、产业规划和产业链带动图、权利人属性图、企业资源禀赋图这 7 张图的基础上，运用最新的大数据技术有机整合 7 张图中的全部信息，并使图中的土地、产业、企业、规划政策等资源实现自动匹配，从而为城市更新利益相关方提供有效的指导与服务。"七图叠加"理论中的 7 张图的主要内容如表 2-2 所示。

表 2-2 "七图叠加"理论中 7 张图的主要内容

名称	主要内容
未来前景图	城市更新要始终着眼于未来，城市总体规划以相对宏观的视野展示了城市的未来，而未来前景图在镇域的维度细致地分析了城市各区域的发展潜力。未来前景图是依托中国房地产数据研究院独创的"110"投资价值评估模型而绘制的，从人口、产业、金融、生活配套等多个维度来判断各区域的短中长期发展潜力
政策路径实现图	政策路径实现图清晰地标注了地块所在区域的政策情况及控制性详细规划，图中的政策既有房地产行业政策，也有金融、财税、人口、教育、医疗等方面的经济社会政策，能够全方位地反映所在区域的综合性政策环境与各级政府的政策意图
土地现状图	土地现状图具体反映了城市中每一个地块的土地性质和利用现状。例如，通过上海市的土地现状图，可以清晰地了解到上海工业 104 区域、195 区域和 198 区域各地块的利用现状，包括104 区域的升级情况、195 区域的转型情况、198 区域的复垦情况等
城市总体规划图	城市总体规划是了解城市未来发展的重要渠道。透过城市总体规划图，不仅能了解到城市未来的功能定位、人口、产业、生活配套等方面的宏观信息，还能了解到未来城市的空间布局，以及各个区域在未来城市发展中的定位。例如，通过对比上海 2020 年总体规划和 2040 年总体规划，能够发掘出各个区域功能转型所带来的投资新机遇
产业规划和产业链带动图	新产业的导入是城市更新的灵魂。产业规划和产业链带动图全方位地反映了一座城市的产业规模、结构、空间布局、转移趋势、规划方向及产业间关联的信息。同时，交通物流是产业发展的命脉，科技创新是产业发展的源泉。因此，产业规划和产业链带动图也纳入了交易物流中心、交通干网、高校企业研发平台、创业孵化器等方面的详细信息
权利人属性图	权利人属性图反映了每一个具体地块的土地权利人的信息，包括企业名称、企业属性（是否国资）、企业营业范围、经营状况等。鉴于国有企业存量土地二次开发在城市更新中的重要性，权利人属性图重点整合了来自各级国资委和政府产权平台公司的国有企业数据
企业资源禀赋图	企业资源禀赋图主要涉及房地产开发企业及外挂产业资源企业的信息，包括企业名称、企业属性、所在行业、经营状况等。企业资源禀赋图将房地产开发企业和外挂资源进行有效的关联、匹配，形成了一张完整的产业资源网络，通过这张网络能够清晰地了解到房地产开发企业调动产业资源来实施大开发的能力，以及未来对产业资源的需求

3. 构建城市更新的创新平台——"七图叠加"理论的贡献

"七图叠加"理论对于中国城市更新的贡献在于，其构建了一个创新平台，成功地破解了制约城市更新的瓶颈，从而使各利益相关方的资源能够实现最优配置。

1）从具体操作的角度来看，"七图叠加"理论构建了一个全方位整合各类数据的平台，为城市更新利益相关方的决策提供了有力的信息支持。

2）从市场运作的角度来看，"七图叠加"理论构建了一个优化资源配置的平台，为城市更新利益相关方之间的合作提供了便捷的接口服务。

3）从城市治理的角度来看，"七图叠加"理论构建了一个政府与市场之间有效沟通的平台，为城市更新利益相关方更准确地领会与贯彻政府城市发展理念提供了有效的渠道资源。

目前，中国房地产数据研究院课题组已经完成了"七图叠加"理论的构建与数据整合，并将这一理论体系应用到了部分城市更新的实践之中。随着实践的不断深入，我们将继续拓展"七图叠加"理论体系的深度、广度和维度，不断完善这一城市更新的创新模式。

六、产业区位相关理论

区位理论是有关人类活动的空间分布及其空间中相互关系的学说。具体而言，区位理论是对人类经济行为的空间区位选择及空间区内经济活动优化组合进行研究的学说。

保罗·克鲁格曼和迈克尔·波特是现代区位理论的创立者。波特在1990年发表了一篇具有重要意义的论文《国家竞争优势》（哈佛商业评论，1990年第2期）；同年，他对这篇论文的主要论点加以延伸与扩充，形成了一本内容丰富的专著。波特的以上成果打破了几十年来现代区位理论的沉闷局面，并且引发了西方经济学界研究区位理论及产业集聚的热潮。

由于克鲁格曼的区位理论的内容更为全面，而且影响力更广泛，尤其是集聚理论成果繁多，克鲁格曼占据了该领域最高的学术地位。自1990年起，克鲁格曼发表的专著主要包括《空间经济学：城市、区域与国际贸易》《收益递增与经济地理》《地理与贸易》《发展、地理学与经济理论》，其论文的数量则更多，涉及的内容也更加专业。

除了克鲁格曼和波特，在该领域做出巨大贡献的还有戈登、菲力普、布雷那、西尔、哈里森、雷科、科兰西等人。

（一）现代区位理论及现代集聚理论的核心论点

据以上各位经济学家的研究成果，下面具体阐述现代区位理论及现代集聚理论的核心论点。

1. 规模经济

我们查阅相关资料后了解到，现代区位理论着重描述产业集聚现象，规模经济是其最大的竞争力来源。数量可观的企业集聚在一起形成了产业链条，造成了极大的规模经济，此规模经济能最大限度地降低成本并提高效率，从而形成相关产业的核心竞争优势。

2. 外部性

所谓外部性（或外部效益），是指最先进入集聚地点的企业（一般数量不多）对后进入的企业产生的作用。先进入的企业会给后进入的企业创造基础设施、劳动力市场、原材料的供应渠道、中间产品及专业知识的分享等正面的外部性。

3. 向心力（或集中力）和离心力（或分散力）

正面的外部性显然还会产生对相关企业的吸引力（向心力或集中力），使得更多的相关企业被吸引到产业集聚地点来。进入的企业的数量越多,其规模经济也就会越大,同时效率就会越高。但是,事物的发展不能过度,如果企业过多、过密,就会造成投资环境恶化,进而产生交通、污染、噪声等问题,这样一来产业集聚的规模经济效益反而会下降,吸引力就成了离心力(或分散力),相关企业就会向产业集聚地点的外围边缘扩散,直到两种力量相对平衡为止。

4. 区位竞争

我们由相关资料了解到,相比于向心力、离心力的两力模型,区位竞争的概念实际上是现代区位理论的主要内容之一。以往的区位理论大致为局限在区位主体(一般指相关企业)如何根据现有条件去选择投资设厂的地点(即区位选择问题),而没有考虑到地区主体(即有意吸引投资的土地所有人,其中包括政府机构)如何去改善投资环境与潜在对手开展积极的区位竞争,力争本地区成为集聚性投资行为的首选地点,造福当地人民。

除了上述重要内容以外,现代区位理论在延伸产业的支撑作用、自然资源、社会文化及政策因素(历史文化传统、企业家精神、政府政策、体制架构)、运输成本、跨国公司投资对区位的影响方面也开拓出了十分丰富的研究成果。

5. 农业区位论

农业区位论的创始人是德国经济学家冯·杜能,1826年,他完成了农业区位论专著《孤立国同农业和国民经济的关系》(简称《孤立国》),这本专著是世界上首部关于区位理论的古典名著。冯·杜能孤立国理论的前提有以下几点。

1)孤立国唯一的城市位于其中心,是孤立国内商品、农产品的唯一销售市场。其余均为农村和农业土地,农村只与该城市发生联系,靠其供给工业品。

2)孤立国内没有能够通航的河流和运河,城市与农村之间联系的唯一交通工具就是马车。

3)孤立国是一个天然均质的大平原且位于中纬,各地农业发展的自然条件等都完全相同,适合植物作物生长。平原上农业区之外是不能耕作的荒地,只用作狩猎,荒地圈的存在使得孤立国与外部世界完全隔绝开来。

4)农产品的运费和重量与产地到消费市场的距离成正比。

5)农业经营者以获取最大经济收益为目的,根据市场供求关系,调整他们的经营品种。

冯·杜能根据其理论前提,认为经营者是否能够在单位面积土地上获得最大利润(P),将取决于3个因素:农业生产成本(E)、农产品的市场价格(V)、将农产品从产地运到市场的费用(T)。这四者之间的关系用公式表示为

$$P=V-(E+T)$$

在一定时期内，孤立国各种农产品的市场价格（V）应是一个常数，假定各地发展农业生产的条件完全相同，那么各地生产同一农产品的成本（E）自然也是不变的常数，因而上式可改写成

$$P+T=V-E=K$$

此式说明利润加运费的和是常数，只有把运费支出压缩到最小，才能够将利润增加到最大。

总结来说，冯·杜能的农业区位论所要解决的主要问题，即是如何通过合理布局使农业生产达到节约运费，进而最大限度地增加利润的目的。

运用区位经济分析与区位地租理论，冯·杜能在其《孤立国》一书中提出了 6 种耕作制度，每种耕作制度构成一个区域，而每个区域都以城市为中心，围绕城市呈同心圆状分布，也就是著名的"杜能圈"，依次为自由农作区（主要生产易腐难运的农产品）、林业区（主要生产木材）、谷物轮作区（主要生产粮食）、谷草区（主要生产谷物与畜产品）、三圃农作区（1/3 土地用来种黑麦，1/3 种燕麦，其余 1/3 休闲）畜牧区，如图 2-3 所示。

冯·杜能以市场价变化、交通多样性等因素对孤立国农业区位模式的影响为基础，修正了冯·杜能圈。他假设有一条通航河流能够通往中心城市，若水运的费用只是马车运费的 1/10，那么一个距城市 100 英里①且位于河流边上的农场，与一个同城市相距 10 英里且位于公路边上的农场所需的费用是等同的。此时，谷物轮作区就会沿着河流两岸延伸到边界。

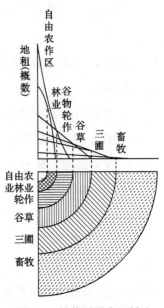

图 2-3　杜能圈形成机制及圈层结构示意图

冯·杜能还考虑了在孤立国范围内有可能出现其他小城市，这样一来，大小城市就会在农产品供应等方面展开市场竞争，最后根据实力和需要形成各自的市场范围。大城市人口多，需求量大，不仅市场范围大，市场价格和地租也高。相反，小城市市场价格低，地租低，市场波及范围也较小。

（二）中心地理论

1. 中心地理论的基本概念

德国地理学家瓦尔特·克里斯塔勒提出了中心地理论。此理论的基本概念有以下几个。

---

① 1 英里≈1.61 千米。

1）中心地。中心地是指区域内向其周围地域的居民点居民提供各种货物和服务的中心城市或中心居民点。

2）中心地职能。中心地职能主要是商业、服务业方面的活动，此外，还包括社会、文化等方面的活动，不包括中心地制造业方面的活动。

3）中心性（中心度）。中心性可以理解成一个中心地对于周围地区的影响程度，或者中心地职能的空间作用大小，中心性可以用"高"与"低"、"强"与"弱"、"一般"与"特殊"等概念来进行形容和比较。

4）需求门槛。需求门槛是指某中心地可以维持供应某种商品及劳务所需的最低购买力和服务水平，通常用可以维持一家商服企业的最低收入所需的最低人口数（称为门槛人口）来表示。

5）商品销售范围。商品销售范围是指消费者为了获取商品和服务所希望通达的最远路程，或者中心地提供商品与劳务的最大销售距离和服务半径。

2．中心地理论的假定条件

中心地理论的假定条件有以下几个。

1）研究的区域为一块均质的平原，其上人口均匀分布，居民的收入水平和消费方式完全一样。

2）有一个统一的交通系统，对同一等级规模的城市的便捷性相同，交通费用与消费距离成正比。

3）厂商与消费者都是经济人。

4）平原上货物可以完全自由地流动至各方向，并且不受任何关税或者非关税壁垒的限制。

3．中心地理论的内容

（1）六边形市场区

在一个均质平原上，由各个中心地为人们提供商品与服务，由于新的中心地厂商的不断自由进入，竞争结果使各厂商经营某类商品的最大销售范围逐渐缩小，直到能够维持最低收入水平的门槛范围为止，这就使得某类商品的供给在均质平原上最终达到饱和状态。而每个中心地的市场区都成为彼此相切的圆形，如果不重叠，那么圆与圆之间必然会出现空隙，在这些空隙里居住的居民就不会得到服务。①

实际上在相互激烈竞争的情况下，各中心的销售范围都有一部分相互重叠。由于各中心地都尝试着将这片空白区吸引到自己的市场区内，结果它们之间的距离更短。居住于重

---

① 陈晟：《产城融合（城市更新与特色小镇）理论与实践》，中国建筑工业出版社，2017，第18～23页。

叠区里的居民有两个可供选择的区位，根据消费者最近供应地购物的假设，重叠区被平均分割给两个相邻的中心地，其中位于平分线上的居民到两个相邻中心地的距离是相同的，因而这条线被称为无差别线。由于重叠区被无差别线分割，圆形的市场区也就被六边形的市场区所取代，从而推导出正六边形市场区这个有利于组织中心地与服务区相联系的最有效的全覆盖理论图式。

（2）市场等级体系

中心地规模、居民收入水平、人口分布密度、商品与服务的种类，与中心地商品和劳务的需求门槛、利润及服务范围紧密相连。不同规模的中心地的需求门槛和销售范围是不同的。它们在空间地域上的这些差异，经过相互作用和人类经济活动的干扰之后，会形成规律有序的中心地市场等级体系。

就区域内各个城镇来讲，城市规模决定了商品设施、种类。大城市商业服务设施高级发展、商品种类繁多，而一般城镇（县城、建制镇）仅有基本生活性商业服务，水平较低，种类较少。就城市内部来讲，市级中心、区级中心、小区级商业服务中心也同样有类似的分异规律。

就不同商业、服务行业来讲，各个行业的经营品种、商品种类、级别、需求门槛、服务范围均存在一定的区别，根据其形成的等级序列可归并为：低级商品和服务质量相对较差，顾客购买频率高，需要量大，需求门槛低，销售距离短，服务半径小；高级商品和服务质量好且耐用，更新速度慢，售价更高，需要量较少，购买频率较低，需求门槛较高，销售距离较长，服务半径较大。

根据地域归并为：高级商业服务中心提供高级到低级的全部商品与服务；中级商业服务中心提供从中级至低级的全部商业服务活动；而低级商业服务中心只有低级的商品与服务。需求门槛与服务范围也依次由高到低、由大变小。

（3）中心地体系的基本模型

市场原则就是从最有利于组织商品的供销、保证商品与服务的供应范围最大角度出发，并在均等机会下配置各级中心地及其市场区的数目。因而，在该原则下建立的中心地体系为 $K=3$ 体系。这里 K 值是指中心地模型的重要指标，它表明在不同的空间组织原则下，中心地相对于由它服务、供应和管辖的市场区的排列关系与数量关系。

在市场原则下，$K=3$ 表示一个上级中心地的商服网点，不仅吸引自己中心地的商服活动，还支配（吸引）相邻 6 个下级中心地的商服活动。不过所支配的并不是它们的全部，只是其中的 1/3，而另两个同级的中心平均瓜分剩余的 2/3。这样，一个上级中心所支配的下级中心市场区 $K=6×1/3+1=3$。由此，每个较大的中心地的市场区通常包含 3 个比它低一级的市场区，以此类推，可得出市场区的等级序列为1，3，9，27，81……

因为高一级中心地包含低一级中心地的全部，所以，一级中心地下属的3个二级市场区内，有1个一级中心地、2个二级中心地。以此类推，在 $K=3$ 的系统中，不同等级规模的中心地出现的序列是1，2，6，18，54……

若把这个理论应用在一个城市，建一个市级商业服务中心，则需要配置2个区级中心、6个小区级中心。相应市级中心的销售市场区包括3个区级市场、9个小区级市场区……

克里斯塔勒根据交通原则，推导出 $K=4$ 的中心地市场网络系统，以弥补市场原则的缺陷。即在围绕高级中心地的六边形市场区内，次级中心地并不在六边形的顶角上，而是坐落在联结两个高级中心地的交通线路的中部。更低级的中心与次级中心的位置关系也是如此。这样组合下去，次一级中心地的市场区被相邻的高一级中心地平分，即高一级中心地除包括自身处的一个完整的次一级中心的市场区外，还包括相邻6个次一级中心的市场区的1/2，$K=1+1/2×6=4$。因而，由 $K=4$ 形成的市场区等级序列为1，4，16，64……一中心地的系列数为1，3，12，48……依 $K=4$ 的原则形成的交通系统，因为次一级中心地都位于联系较高一级中心地的主要交通线路上，所以被认为是最便利的、效率最高的交通网络，同时也是最有可能在现实社会中出现的中心地体系。

克里斯塔勒还设计了 $K=7$ 的中心地体系，即一个高一级中心地管7个低一级中心地的管理区，旨在管理更加方便，使市场区不分割行政区。即每一高等级中心地的管辖范围除了包括自身所在的次一级中心地的管辖范围，还包括相邻6个次一级中心地的管辖范围，因而巢状化自然形成。这样形成的管理区等级序列为1，7，49，343……各级中心地的从属关系体系是1，6，42……

行政原则下形成的中心地体系是一种自给自足的封闭体系，居民购物的出行距离最长，其交通系统是最不方便的。[①]

（三）工业区位理论

工业区位理论的奠基人是德国经济学家阿尔申尔德·韦伯。其理论的核心是通过对运输、劳动力及集聚因素相互作用的分析与计算，找到工业产品的生产成本最低点，作为配置工业企业的理想区位。

1. 工业区位理论的基本假设

工业区位理论的基本假设如下。

1）在一个均质的国家或者特定的地区范围内仅讨论影响工业区位的经济因素，而不

---

① 陈晟：《产城融合（城市更新与特色小镇）理论与实践》，中国建筑工业出版社，2017，第120～125页。

涉及其他因素。

2）工业原料、燃料产地已知分布于特定地点。

3）工业产品的消费地点与范围是已知的，需求量不变。

4）劳动力在工资率固定情况下，供给是充裕的、已知的、不能流动的。

5）运费是重量与距离的函数。

6）仅针对同一产品探讨其生产与销售问题。

2. 工业区位理论的具体内容

工业区位理论的具体内容如下。

（1）关于运输成本定向工业区位的分析

在没有其他因素的影响之下，仅就运输与工业区位之间的关系来说，运费主要取决于运输距离与货物重量，即运费与运输（吨/千米）成正比关系。在货物重量方面，货物的绝对重量与相对重量（原料重量与成本重量间的比例）对于运费的影响是存在差异的，相对重量比绝对重量更为重要。为此，可以将工业用原料分为两大类，其中一类是随处可见的遍布性原料，对于工业区位的影响不大；另一类是只分布在某些固定地点的限制性原料（地方性原料），对于工业区位模式的影响极大。

根据上述分类方法，韦伯提出了原料指数的概念，以此论证运输费用对工业区位的影响。其中，原料指数是指需要运输的限地性原料的重量与制成品的重量之比，即原料指数 = 限地性原料总重量/制成品总重量。根据该公式进行推算，能得到在工业生产过程中，使用不同种类原料的原料指数。一般情况下，使用遍布性原料的指数为0，纯原料的指数为1，失重性原料的指数大于1，限地性原料加遍布性原料，其指数均可能小于1。限地性原料的失重程度越大，原料指数也越大；遍布性原料的参用程度越大，原料指数就会越小。原料指数的不同会造成工业区位的趋向有差异。因而，在原料指数不同的情况下，只有在原料、燃料与市场之间找到最小运费点，才能找到工业的理想区位。[1]

（2）劳工成本影响工业区位趋向的分析

影响工业区位的第二项因素为劳工成本，劳工成本是造成以运输成本确定的工业区位模式产生第一次变形的因素。当劳工成本（工资）在特定区位对工厂配置有利时，有可能会使一个工厂离开或者放弃运输成本最小的区位，而移向廉价劳动力（工资较低）的地区选址建厂。其前提为在工资率固定、劳动力供给充分的条件下，工厂从旧址迁到新址，所需原料与制成品的追加运费比节省的劳动力费用小。[2]

---

① 陈晟：《产城融合（城市更新与特色小镇）理论与实践》，中国建筑工业出版社，2017，第65页。
② 陈晟：《产城融合（城市更新与特色小镇）理论与实践》，中国建筑工业出版社，2017，第82页。

（3）集聚与分散因素影响工业区位的分析

1）集聚因素。集聚因素是指促使工业向一定地区集中的因素，还可分为一般集聚因素和特殊集聚因素。它们主要通过两个方面对工业企业的经济效益产生影响：一是生产或技术聚集（也称为纯集聚）；二是社会集聚（或称偶然集聚）。

生产或技术集聚对工业效益的影响主要通过以下两种方式形成：① 由工厂企业规模的扩大带来的；② 在同一工业部门中，企业间的协作使得各企业的生产在地域上集中，而且分工序列化。

社会集聚是由企业外部因素引起的，其包括以下两个方面：① 由于大城市的吸引，交通便利及矿产资源丰富使工业集中；② 一个企业选择了与其他企业相邻的位置，获得额外利益。

生产或技术集聚是一般集中因素，是集聚的固定内在因素；而社会集聚是特殊集中因素，是偶然的外在因素。所以在探讨工业区位时，主要考虑一般集中因素，而不必强调特殊集中因素。

2）分散因素。分散因素是指不利于工业集中到一定区位的因素。

综合上述分析可知，工厂搬迁或新建选择地点前要分析集聚给企业带来的利益大还是房地产价格上涨造成的损失大。也就是说，工业区位的选择取决于集中与分散的比较利益大小。

（四）城市利用结构理论

一般来讲，在城市发展建设过程中，人们将土地作为生产和生活资料，根据其自然属性和经济属性加以改造、使用及保护的全过程或土地利用方式、土地利用程度和利用效果的总和就是城市地域空间利用结构。城市土地利用结果体现了城市空间的基本结构形态和城市区域内各功能的地域差异。

城市土地利用过程与农地、林地等相比要复杂一些，这是因为城市土地除了具有数量上的有限性、位置上的固定性、供给上的稀缺性、使用上的永续性等土地资源的一般共性外，还具有用地类型上的多样性、使用功能结构上的复杂性、土地区位上的极端重要性、利用上的高度集约性等特殊性。

因而，怎样才能最佳、最有效地使用城市土地，并形成合理的、有机联系的城市土地利用空间结构，就成为城市经济学、城市地理学、城市社会学关注的问题与研究的重要内容。

最先从理论及原则上研究土地利用空间结构的是区位论的先驱、德国古典经济学家冯·杜能。冯·杜能于 1826 年在《孤立国》中建立了以市镇为中心，围绕其安排乡村土地使用的同心圆理论模式，为以后城市土地利用结构理论研究奠定了基础。

自 20 世纪 20 年代起，西方国家的工业化加速了城镇化，城市用地规模随着城市人口的增长快速向外扩展。对于城市功能布局等问题，欧美学者从区位、空间结构、土地租金及价格等方面展开了土地利用空间结构的理论假设与实证分析，形成了城市土地利用地域空间结构的描述性理论与解释性理论。

（五）同心圆理论

同心圆理论是由伯吉斯于 1925 年对芝加哥城市土地利用空间结构进行分析后归纳出来的。他基于社会生态学里的入侵和承继（invasion-succession）概念来解释土地利用在空间上的排列形态。基本模式（图 2-4）是城市各功能用地以中心区为核心，自内向外做环状扩展，共形成 5 个同心圆用地结构，从城市中心向外缘依次顺序具体如表 2-3 所示。

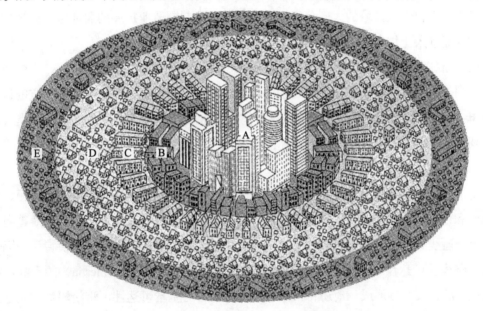

A—CBD；B—过渡带；C—工人住宅带；D—中产阶层住宅带；E—通勤带。

图 2-4　伯吉斯的同心圆模式

表 2-3　同心圆用地结构从城市中心向外缘依次顺序

名称	区域	具体内容
第一环带	CBD	包括大商店、办公楼、剧院、旅馆，是城市社交、文化活动的中心
第二环带	过渡带	是围绕市 CBD 与住宅区之间的过渡带。这里绝大部分由老式住宅和出租房屋组成，轻工业、批发商业、货仓占据该环带内一半空间。其特征是房屋破旧，居民贫穷，处于贫民窟或近乎贫民窟的境况
第三环带	工人住宅带	这里租金低，便于乘车往返于市中心，接近工作地，工厂的工人大多在此居住
第四环带	中产阶层住宅带	散布有高级公寓和花园别墅，居住密度低，生活环境好
第五环带	通勤带	距 CBD 30～60 分钟乘车距离范围内

伯吉斯对同心圆土地利用模式进行的动态分析是从生态学"入侵和承继"的观点出发的。他认为当城市人口的增长导致城市区域扩展时，首个内环地带必延伸并向外移动，并入侵相邻外环地带，产生土地使用的演替。例如，CBD进一步发展，会入侵过渡带，吞没贫民的住房，迫使住在这里的低收入居民只能向外环地带转移，导致高收入居民将自己旧的住房转给低收入居民，使低收入居民搬到新的高档住宅中。英国城市经济学家巴顿将这种现象称为"渗透"，伊文思则将其称为"过滤"。

美国在20世纪六七十年代，以同心圆理论作为城市更新政策的基本原则，将过渡带的一部分扩展成商务用地，将陈旧的低收入住房改建成中产阶层住宅区，改善了各阶层的住房条件，而位于该区域的大部分工厂则越过之前限制制造业扩展的居住区，搬迁到被伯吉斯称为通勤人士住宅区中，形成新的土地利用空间格局。

伯吉斯的同心圆理论的弱点与杜能农业区位论相同，即不考虑交通道路、自然障碍物（河、湖等）、土地利用的社会文化和区位偏好等方面的影响，与实际存在一定的偏差。1932年，巴布科克认识到交通轴线的辐射作用，将同心圆模式修正为星状环形模式，使同心圆理论与单中心小规模城市的实际情况更为接近。

（六）扇形理论

扇形理论来自霍伊特对美国64个中小城市及底特律、纽约、芝加哥、华盛顿、费城等城市和住宅区的趋势分析，在1939年创立。这个理论的核心是各类城市用地趋向于沿着主要交通线路和自然障碍物最少的方向由市中心向市郊呈扇形发展。霍伊特认为因特定运输线路线性可达性（linear accessibility）和定性惯性（directional inertia）的影响，各功能用地一般在其两侧形成。他还将市中心的可达性称为基本可达性，将沿辐射状运输主干线所增加的可达性称为附加可达性。

轻工业与批发商业对运输线路的附加可达性是最敏感的，多沿铁路、水路等主要交通干线扩展；低收入住宅区环绕工商业用地分布，而中高收入住宅区则沿着城市交通主干道或者河岸、湖滨、公园、高地向外发展，独立成区，不与低收入的贫民区混在一起。

当城市人口有所增加，城市用地自然就需要扩大，高收入的人就从原居住区迁到新的声望更高的地方，原来的高收入住宅区的房产变为低租金的住宅，供贫民居住，出现土地利用的演替。不过大多数低收入阶层，因经济与社会因素的内聚力，很难进入中产阶层及高级住宅区居住，只能在原有贫民区的基础上向外作扇形状延伸发展，因而城市各类土地利用在空间上呈扇形结构。

（七）多核心理论

多核心理论最初是由麦肯齐于1933年提出的，然后被哈里斯和乌尔曼于1954年进一步发展。该理论着重描述城市土地利用过程中并非只是形成一个商业中心区,而是会出现多个商业中心。其中一个主要商业区为城市的核心,其余的为次核心。这些中心不断地发挥成长中心的作用,直到城市的中间地带完全被扩充为止。而在城镇化过程中,随着城市规模的扩大,还会产生新的极核中心。

哈里斯和乌尔曼又指出,城市核心的数目和功能会因城市规模不同而有所区别。CBD是核心,还有工业中心、批发中心、外围地区的零售中心、大学聚集中心及近郊的社区中心等。他们还认为形成城市多中心的因素有以下 4 个。

1)有些活动因彼此接近而产生相互依赖性。

2)有些活动互补互利,自然集聚。

3)有些活动因为必须利用铁路等货运设施,且产生对其他使用有害的极大交通量,所以会排斥其他使用而自己集结在一起。

4)高地价、高房租吸引比较高级的使用,而排斥较低品质的使用。

尽管多核心理论模式比较复杂,但仍基于地租地价理论。支付租金能力高的产业位于城市中心部位,其余则是批发业和工业及高密度的住宅区。多核心理论没有假设城区内土地是均质的,故各土地利用功能区的布局没有一定顺序,功能区面积也各异,空间布局具有较大的弹性,尤其是那些由几个小市镇扩展合并成长起来的城市。

(八)土地利用研究

自伯吉斯在其同心圆理论中提出 CBD 的概念之后,不少学者从地价、交通便捷性等方面对 CBD 中的地价和土地功能布局进行了细致深入的研究。

1954 年,墨菲和万斯认为地价峰值区(peak land value intersection,PLVI)是 CBD 最鲜明的一个特征,他们对美国 9 个城市的 CBD 的土地利用进行细致深入的调研之后,将 PLVI 内的用地称为商务用地,并提出界定 CBD 的两项重要指标:中心商务高度指标(central business height index,CBHI)和中心商务强度指标(central business intensity index,CBII)。他们将 CBHI>1、CBII>50% 的区域界定为 CBD。

赫伯特和卡特进一步提出中心商务建筑面积指数比率(central business floor space index radio,CBI)的概念,并在 1966 年与罗利综合应用 CBHI、CBII 和 CBI 这 3 项指标对英国加的夫市的 CBD 进行分析,效果比较好,为以后的研究打下了一定的基础。

在 CBD 内部土地结构研究方面,墨菲、万斯及爱泼斯坦认为因为不同土地区位的便捷性是不同的,而且获得的产业利润有差异,所以地价不同是导致 CBD 中商务活动空间分布不同的主要原因,并将 CBD 的土地利用空间结构分成以下 4 个圈层。

1)以大型百货商场及高档购物商店为主的零售业集中区。

2）以底层为金融、上层为办公的零售服务业多层建筑集中区。

3）以办公为主的区域。

4）需要占用较大面积低价土地的商服活动区，如家具店、超级市场。

斯科特于1970年运用报价地租（bid-rent）曲线的概念进一步地说明了CBD内部结构中零售业的空间分布。

1972年，戴维斯对CBD中的零售业布局提出了一个结构模式，他认为以零售业为主的区位用地选择除了空间距离的影响，还会受3个相互独立的交通可达性的影响：一是城市中心区传统性的购物活动会受到一般可达性影响，因而它们的区位往往与顾客的分布有关；二是其他商务，如汽车修理厂、咖啡馆等受交通干线可达性的影响最大；三是有些特殊性功能受特殊可达性的影响最大，如娱乐设施、家具展销店等的分布与区域发展的历史文化背景及环境条件有关。

上述观点都从某个侧面分析并解释了CBD的内部空间结构，不过事实上，影响CBD内部空间结构的因素是比较复杂的，特别是在现代大都市的CBD中，随着世界经济贸易的发展，办公事务、金融贸易、信息服务占据更为重要的地位，人流、物流、信息流的交换日益频繁，这都会引起CBD内部结构的分化与重组。因而，还需要从动态的、多元的角度去分析CBD内的土地利用变化规律。

七、产业空间结构理论

产业空间结构理论的目标是达到区域整体最优发展，并且在产业实践中为产业空间优化提供理论依据，即寻找各产业活动的优化布局规律和合理组合形式。相关理论包括增长极理论、中心外围理论、点轴理论、工业地域综合体理论和梯度推移理论。

地域的具体条件是决定布局的依据，产业布局在一定的地域内展开。同时期不同地域与同一地域不同发展阶段的具体情况是存在区别的，相应的需要采取不同的产业布局模式。

以产业空间发展不同阶段的不同特点为依据，产业布局的理论模式可以分为点轴布局模式、地域生产综合体开发模式、增长极布局模式、网络或块状布局模式和区域梯度开发与转移模式。其中，前3种开发模式从产业分布结构角度出发，处理在区域经济发展不同阶段的产业布局问题，它们之间有着十分密切的内在联系，共同构成一个完整系统的布局过程。

（一）增长极布局模式

增长极布局模式是由法国经济学家佩鲁提出来的，其思想是：一国经济增长过程中，不同产业的增长速度是存在区别的，其中增长速度较快的是主导产业和创新企业，这些产业及企业一般在一些特定区域或者城市集聚，优先发展，然后向其周围地区进行扩散，形成强大的辐射作用，带动周边地区的发展。这种集聚了主导产业及创新企业的区域和城市就被称为"增长极"。

（二）点轴布局模式

点轴布局模式是增长极布局模式的拓展。从产业发展的空间过程来看，产业特别是工业，通常首先集中在少数条件较好的城市发展，呈点状分布。这种产业（工业）点就是区域增长极，也就是点轴布局模式中的点。随着经济的发展，产业（工业）点逐渐增多，点与点间因生产要素流动的需要，需建立各种流动管道将点与点相互连接起来，因而各种管道，包括各种交通道路、水源供应线、动力供应线等随之发展起来，这就是轴线。这种轴线，虽然其主要目的是服务于产业（工业）点，不过轴线一旦形成，其两侧地区的生产、生活条件就会得到很大的改善，从而吸引其周边地区的人口、产业向轴线两侧集聚，并产生新的产业（工业）点。点轴贯通就形成了点轴系统。实际上，中心城市与其吸引范围内的次级城市间相互影响、相互作用，已经形成了一个有机的城市系统，这个系统已经有效地推动了区域经济的发展。

（三）网络或块状布局模式

网络或块状布局模式是点轴布局模式的延伸。一个现代化的经济区域，其空间结构必须同时具备以下3个要素。

1）节点，即各级各类城镇。

2）域面，即节点的吸引范围。

3）网络，即技术、商品、信息、资金、劳动力等各种生产要素的流动网。

强化并延伸已存在的点轴系统就是网络式开发。通过增强和深化本区域的网络系统，提高区域内各节点间、各域面间，特别是节点与域面间生产要素交流的广度、密度，使"点""线""面"组成一个有机的整体，使整个区域都得到有效的开发，使本区域经济向一体化方向发展。同时通过网络的向外延伸，加强与区域外其他区域经济网络的联系，并将本区域的经济技术优势扩散向四周区域，从而在更大的空间范围内调动更多的生产要素进行优化组合。这是一种比较完备的区域开发模式，它代表着区域经济开始渐渐地成熟。

（四）地域生产综合体开发模式

地域生产综合体开发模式是指在一定范围内，由很多有经济联系及生产协作关系的工业企业共同组成地域生产综合体。在这个地域生产综合体内有主导的工业部门或企业，以及许多相关的工业部门和企业，它们联合成一个有机的整体。

苏联广泛采用的一种产业布局模式就是地域生产综合体开发模式。自20世纪50年代中期至苏联解体，苏联在西伯利亚地区通过对铁矿、水利、油漆、煤炭、木材等资源的开发，建立了10余个大型的工业地域生产综合体。受到苏联的一定影响，我国曾经也广泛采用过此种布局模式，我国国土规划纲要中所提出的19个重点开发区中的大部分采用过此开发模式。

苏联学者科洛索夫斯基的生产循环理论是地域生产综合体开发模式的理论基础。生产循环理论认为：生产都是在某种原料和燃料动力资源相互结合的基础之上发展起来的；每个循环都包括过程的全部综合，即从原料的采选到获得某种成品的全过程；之所以某一产品能够在某一地域生产，是因为拥有原料和燃料动力来源并能够合理地利用它们。换句话说，该理论认为生产是根据生产工艺的"链"所组成的稳定的、反复进行的生产体系进行的。科洛索夫斯基把地域生产综合体定义为"在一个工业点或一个完整的地区内，根据地区的自然条件、运输和经济地理位置，恰当地安置各个企业，从而获得特定的经济效果的这样一种各企业间的经济结合体"。[①]

（五）区域梯度开发与转移模式

梯度推移理论是区域梯度开发与转移模式的理论基础。梯度推移理论指出，由于经济技术的发展不平衡，从客观上来讲，不同地区存在经济技术发展水平的差异，即经济技术梯度，而产业的空间发展规律是从高梯度地区推移向低梯度地区。第二次世界大战后快速发展起来的国际产业转移是从发达的欧美国家向新型工业国或者地区向发展中国家进行梯度转移的。根据梯度推移理论，在进行产业开发时，需从各区域的现实梯度布局出发，优先发展高梯度地区，让有条件的高梯度地区优先发展新技术、新产品、新产业，然后逐步从高梯度地区向中梯度和低梯度地区推移，从而渐渐地实现经济发展的相对均衡。我国在改革开放之初就曾经将全国划分成高梯度的东部沿海地带、中梯度的中部地带及低梯度的西部地带。按照经济技术发展水平，以此作为产业空间发展的依据。

（六）城市区域理论

全球化进程和新技术革命加强了全球经济、文化、政治联系，全球城市间竞争日益加剧是城市区域出现的前提。为了增强综合竞争力，区域城市开始协作，从而城市之间的竞争演变为城市所在地区的实力竞争，即城市区域成为全球经济竞争的基本单元。

核心城市及其腹地构成了城市区域，并具有密切的劳动分工，城市间经济要素与人员

① 陈晟：《产城融合（城市更新与特色小镇）理论与实践》，中国建筑工业出版社，2017，第133～145页。

等交流频繁。由于城市区域理论突破了国家和地域的限制，可称为"新区域主义"，它反映了城市区域发展的双赢，以及建立在这个基础上的功能布局和功能完善，提高了空间利用的整体效益。

八、特色小镇理论

特色小镇的"镇"，是一个具有明确产业定位和旅游功能项目组合的概念，而不是传统意义上简单的行政区划概念，也非园区的概念。特色小镇的"镇"打破了传统行政区划概念的某种特色产业集聚区，它可能只是包含一个镇，也有可能覆盖多个镇。

需要注意的是，把握既"特"又"小"是准确理解特色小镇概念的重点，特色小镇通过"小"和"特"的完美结合，将自身独特魅力展现得淋漓尽致。"小"重点突出的是一种空间限制，特色小镇应是一个规划面积通常控制在 3 万平方千米以内，聚集人口 1 万～3 万，而且不受原有行政区划局限的"小"地方。"特"主要是历史、产业、环境等诸多因素融合而成的独特之处，这令特色小镇本身具有一种文化特质，体现出某种价值追求，从而成为某种产业集中、相应就业者云集的"特色"工作生活区域。

（一）特色小镇发展理念 [①]

特色小镇是根据创新、开放、协调、绿色、共享的发展理念，结合自身特质，确定产业定位，进行科学规划，发掘产业特色、人文底蕴和生态禀赋，形成"产、城、人、文"四位一体、有机结合的重要功能平台。特色小镇在发展过程中应注意以下几点。

1. 产业定位不能"大而全"，力求"特而强"

产业选择决定小镇未来，必须紧扣产业升级趋势，锁定产业主攻方向，构筑产业创新高地。定位突出"独特"。特色是小镇的核心元素，产业特色是重中之重。找准特色、凸显特色、放大特色，是小镇建设的关键所在。每个特色小镇都紧扣健康、环保、信息、金融、时尚、旅游、高端装备制造等"七大万亿产业"和黄酒、茶叶、丝绸、中药等历史经典产业，主攻最有基础、最有优势的特色产业，无法"百镇一面"、同质竞争。即便是主攻同一产业，也要细分领域、差异定位、错位发展，不能丢失其独特性。

2. 功能叠加不能"散而弱"，力求"聚而合"

功能叠加不是机械的"功能相加"，关键是功能融合。林立的高楼大厦不是浙江要的特色小镇，"产业园＋风景区＋文化馆、博物馆"的大拼盘也不是浙江要的特色小镇，浙江要的是有山有水有人文，让人愿意留下来创业和生活的特色小镇。要深挖、延伸、融合

---

① 陈晨：《产城融合（城市更新与特色小镇）理论与实践》，中国建筑工业出版社，2017，第 123～124 页。

产业功能、文化功能、旅游功能和社区功能，避免生搬硬套、牵强附会，要能真正产生叠加效应，推进融合发展。

3. 建设形态不能"大而广"，力求"精而美"

美就是竞争力。无论硬件设施，还是软件建设，要"一镇一风格"，多维展示地貌特色、建筑特色和生态特色。求精，不贪大。小，就是集约集成；小，就是精益求精。根据地形地貌，做好整体规划和形象设计，确定小镇风格，建设"高颜值"小镇。

4. 制度供给不能"老而僵"，力求"活而新"

特色小镇的建设必须在探索中实践、在创新中完善，而不能沿用老思路、老办法。改革突出"试验"，特色小镇的定位是综合改革试验区。凡是国家的改革试点，特色小镇优先上报；凡是国家和省里先行先试的改革试点，特色小镇优先实施；凡是符合法律要求的改革，允许特色小镇先行突破。政策突出"个性"。

（二）特色小镇"特"字优先

"特"即特色小镇的特别之处，是支撑特色小镇内涵的核心外延特征，主要体现在以下几点。

1. 产业的"特"

特色小镇所承载的产业不应像专业小镇和产业园区一样追求产业的集群完整性和产业链条的延伸性，而主要是现代服务业或历史经典产业乃至其中的某一环节。

2. 人群的"特"

特色小镇的从业人员应以高智力和高技能者为主，基于各小镇的产业特征，相关行业的高端人才多集聚于此。

3. 位置的"特"

特色小镇主要位于景区周边、城镇周边、高铁站周边和交通轴沿线，适合集聚产业和人口的地域，突出城乡结合和连片开发的特性，并不像一些专业小镇那样基本分布于与中心城市远离的地方。

4. 功能的"特"

从宏观上来说，特色小镇以推进供给侧结构性改革为基本功能定位，是着力打造的县域经济升级版试验田，是创新驱动发展的新平台，是落实地方工作主基调的排头兵。从微观上而言，特色小镇可以为承载企业提供完善的公共服务，为从业人员提供舒适、惬意和宜居的环境。所以，无论功能的层次还是完善程度，特色小镇较一般专业小镇要高出很多。

九、产城融合相关理论

关于产城融合国外的理论主要有田园城市理论、有机城市理论、人本主义城市规划论、新城市主义理论及精明增长理论、城市经济学理论等。目前，国内学术界对产城融合内涵和相关规律的认识主要集中在以下几个方面。

（一）对"产""城""人"关系的认识

梁浩认为，产城融合的最终目的是达到产业、城市、人之间有活力、持续向上。[①] 张道刚等认为，城市与产业"双向融合"的实质就是"平衡"两字，要使"产"与"城"之间较好地保持一种对应的匹配度，保持动态平衡。[②] 林华认为，要把握好"产"与"城"之间的一种定位关系，产业区与城镇区融合的核心问题是研究产业结构是否符合城市发展的定位。[③]

李文彬和陈浩提出，应推动产业与城市功能融合、空间整合，"以产促城，以城兴产，产城融合"。[④] 孔翔和杨帆认为，要努力形成"产"与"城"之间的一种良好互促关系，既要以产业发展为城市功能优化提供经济支撑，又要以城市功能优化为产业发展创造优越的条件和市场环境。[⑤] 毛力熊认为，产城融合发展实质是在定位产业发展和推进经济建设的同时，确立人在产城关系中的主体地位，实现以人为本、协调发展。[⑥] 许德友认为，产城融合首先是要把产业和人口合理地融合在一起，让城市里不仅有生产，还有生活。[⑦] 林毅夫认为，当前我国一些地方城镇化倾向于物的城镇化和土地的城镇化，人的城镇化不足，必须注重人的城镇化，实现良性循环。[⑧]

（二）对产城融合"发展阶段"的认识

苏林等认为产城融合是一种格局、一种状态或一个动态过程。[⑨] 叶振宇从产业园区视角将产城融合分为 3 个阶段，即初创阶段、发展阶段和升级阶段，并提出了各阶段产城融

① 梁浩：《"新四化"视角下产城融合思路研究——以宝山区北部新城建设为例》，《中外企业家》2013 年第 18 期，第 36～38 页。

② 张道刚：《"产城融合"的新理念》，《决策》2011 年第 1 期，第 1～2 页。

③ 林华：《关于上海新城"产城融合"的研究——以青浦新城为例》，《上海城市规划》2011 年第 5 期，第 30～36 页。

④ 李文彬、陈浩：《产城融合内涵解析与规划建议》，《城市规划学刊》2012 年第 1 期，第 106～110 页。

⑤ 孔翔、杨帆：《"产城融合"发展与开发区的转型升级——基于对江苏昆山的实地调研》，《经济问题探索》2013 年第 5 期，第 124～128 页。

⑥ 毛力熊：《以产城融合推动新型城区建设》，《浦东开发》2012 年第 4 期，第 38 页。

⑦ 许德友：《以"产城融合"推进中国新型城镇化》，《长春市委党校学报》2013 年第 5 期，第 34～37 页。

⑧ 林毅夫：《承载新使命的城镇化战略》，《理论参考》2013 年第 5 期，第 15～16 页。

⑨ 苏林、郭兵、李雪：《高新园区产城融合的模糊层次综合评价研究——以上海张江高新园区为例》，《工业技术经济》2013 年第 7 期，第 12～16 页。

合的特点。[①] 李文彬和陈浩从开发区发展历程方面总结了产城融合的 3 个发展阶段：第一阶段为成型期，第二阶段为成长期，第三阶段为成熟期。[②] 李芳等认为，我国城市空间发展经历了 4 个阶段：第一阶段为产城分离时期，第二阶段为各自为政时期，第三阶段为边缘融合时期，第四阶段为产城融合时期。[③]

（三）对产城融合"模式"的认识

程湛恒和陈燕从工业化与城镇化的互动关系角度认为，两化互动演进类型可分为良性互动型、城镇化超前型和城镇化滞后型。[④]

从产业功能片区与城市生活功能片区的相对区位关系维度，将产城融合模式分为共生型产城融合和伴生型产城融合模式；从区域发展基础和产业城市关联地位维度，将产城融合模式分为城市功能主导型产城融合和产业功能主导型产城融合模式。王振和宗传宏将长三角产城融合发展总结为 6 种模式，即发展园区支柱产业促进产城融合模式、发展配套产业促进产城融合模式、发展园区总部经济促进产城融合模式、发展基础设施促进产城融合模式、发展城市公共服务体系促进产城融合模式、通过园区合作带动产城融合发展模式。[⑤]

第三节　产城融合发展的内在机理与动力机制

一、产城融合发展的内在机理

产城融合发展的内在机理是指产城融合中的"产"对"城"的作用机制和"城"对"产"的作用机制。

（一）产城融合中的"产"对"城"的作用机制

促进城镇化发展的重要推动力是产业结构的逐步演进。区域产业结构不断由低向高演进的过程就是产业空间内持续聚集和转移产业要素，从而逐步扩大城市的规模、提高城市内涵的过程，这也是城镇化发展的过程。

城镇化进程发展的基本方向是依靠产业发展，其动力是研究产业结构。下面从 3 个方

---

① 叶振宇：《我国产城融合分类发展的探讨》，《城市》2016 年第 2 期，第 55～59 页。

② 李文彬、陈浩：《产城融合内涵解析与规划建议》，《城市规划学刊》2012 年第 1 期，第 106～110 页。

③ 李芳、吕书香、眢丽娟、陈宇昕：《基于产城融合的城市新区发展策略研究——以辽阳太子河分区规划为例》，《城市建设理论研究》2013 年第 24 期，第 1～8 页。

④ 程湛恒、陈燕：《工业化与城镇化良性互动的理论研究》，《成都行政学院学报》2013 年第 2 期，第 50～53 页。

⑤ 王振、宗传宏：《长三角地区经济转型升级的探索实践》，上海社会科学院出版社，2014，第 1～12 页。

面来分析产业结构对城镇化发展的影响。

（1）产业结构演进通过生产要素流动效应推动城镇化发展

一般来讲，生产发展需要有劳动力、资本、土地、技术等生产要素，这些都是基本条件。影响生产要素流动和转移的因素很多，最重要的因素来自经济层面。在市场经济下投入和使用生产要素依据利益最大化的准则。产业结构演进对推动生产要素流动发挥了重要作用。

技术进步推动了新兴产业和新兴产品的出现，使得生产要素产生流动，并由劳动生产率低的向劳动生产率高的转移，完成了产业结构由低水平的向高水平的转变。技术进步是促进产业结构演进的根本动力。技术进步也使得需求结构最先发生改变，民众因此对不同商品的需求数量和需求结构有着不同的要求。

相比之下，易得较高商品价格的产业是需求增加较快的产业，其获得了较高的附加价值，需求结构的变动进而影响了供给结构的变动。各种生产要素的投入方向和数量比例受供给结构中投入的潜在回报率因素的影响，最后产业结构演进也产生了作用。第二产业、第三产业通常会有比第一产业更高的回报率，受利益的驱使，劳动力、资本、技术等生产要素便会由第一产业流向第二产业、第三产业；第二产业、第三产业在空间上的特点是集中布局，城市作为具有区位优势的空间区域获得了生产要素的流入和集聚，并结合了土地要素，企业作为在第二产业和第三产业生产、经营的经济组织便自然而然地产生了。可以看出，在促进生产要素流动过程中，产业结构演进推动了城市中企业的集聚。

劳动力是最具特殊性的生产要素。首先，在促进城市经济发展上农村的剩余劳动力必不可少；其次，城市潜在的居民和消费者也包含劳动力的拥有者及其家庭。农村中的剩余劳动力因城乡间的收入差距而选择进入城市，使得农村人口不断向城市聚集。刚开始是少量的劳动力在城市中工作，然后夫妻在城市里共同工作和生活，最后是整个家庭集体定居城市，逐步完成了人口的迁移。所以，在使生产要素产生流动的过程中，产业结构演进同时使人口转向、集聚城市，使人力资源有了一定的积累。产业的重心由自然资本过渡到金融资本，再由金融资本递进到人力资本，这个过程就是产业结构的递进。首先要使地区的教育水准得到提高，并使人力资源达到一定的规模，推动城镇化发展，这样才能实现产业结构的演变。

企业和人口在城市的集聚，使得城市数量增加，城市的规模也相应地扩大，有利于规划城市的功能区域，加快城镇化进程和城市发展。参看西方国家工业化的历史，企业和人口在城市中不断聚集，促使城市数量的急速增长和城市规模的扩大。

生产要素的流动在产业结构演进及城镇化的互动发展方面所起的作用是基础性的，然而不同的生产要素有不同的特征。比较而言，流动性较强的是资本和劳动力，流动性最差的是土地。若不同要素在流动方向上或者速度上产生偏差，就可能会出现产业结构和城镇化的发展不协调的情况。

虽然农村中的转移劳动力带动了人口迁移，但两者的迁移并不同步。若向城市转移的劳动力不能变成城市人口，既会对扩大城市规模和提升城镇化水平产生消极作用，也会使城市的发展变得不太稳定。所以，既要促进生产要素的有序流动又要高度重视流动的劳动力转变为城市人口的问题，这样才能使产业结构演进与城镇化的发展相协调。

可见，城镇化的本质就是在产业结构升级优化过程中合理分配城乡发展中的生产要素，而合理分配生产要素最有效的就是市场机制。要想持续地推进城镇化进程，就得合理有序地在市场上流动各要素。生产要素在市场上的潜在回报率会对产业结构的投入方向产生影响，可以通过改变它来使产业结构逐阶递进，在产业演进过程中以置换土地和资本的形式来促进城市发展，使得城市功能及规模不断得到扩增，使城市走适合自己的内涵式发展之路。

（2）产业结构演进通过产业关联效应推动城镇化发展

改变投资结构将会使产业结构发生改变。由比较利益原则可知，投资产业大都选择利润率较高的产业，它们也是城市中有相对优势的产业；由产业间的关联理论可知，确定好城市主导产业或优势产业才能带动产业间的联动发展，从而促进区域的发展，增加就业的供给，同时给转移农村人口提供空间。增加人口数量，扩充人口规模只是发展城市的基础条件，在优化产业结构的过程中，还应当注重提高产业自身功能，使就业结构得到优化，从而推动城市内涵式发展。

产业结构的演进是不同产业之间相互作用和关联互动的结果，而不单是个别产业单独发展的缘故。不同产业之间存在密切的产品劳务、生产技术、价格、劳动就业等联系，这种内在的产业关联决定了产业结构的演进具有整体性和有序性。在产业关联效应下，产业结构发生演进，并通过这种关联效应促进城市结构和功能的完善。

依照配第-克拉克定理[1]、霍夫曼定理[2]等理论，产业结构演进大都按照"农业—轻工业—重工业—加工工业—现代服务业"的顺序发展。在农业的主导地位转移给轻工业的过程中，工业化开始发展，城镇化进程随之加快。轻工业的显著特点是劳动密集，轻工业吸

---

[1] 配第-克拉克定理是指随着经济的发展，人均国民收入水平的提高，第一产业国民收入和劳动力的相对比重逐渐下降；第二产业国民收入和劳动力的相对比重上升，经济进一步发展，第三产业国民收入和劳动力的相对比重也开始上升。

[2] 霍夫曼定理又被称作霍夫曼经验定理，是指资本资料工业在制造业中所占比重不断上升并超过消费资料工业所占比重。

收了很多的农村剩余劳动力，快速扩大了城市规模，增加了人口数量，加快了与之相适应的生活服务业的发展。重工业的主要特点是资金密集，由于重工业吸纳的劳动力数量不多，它对就业并没有产生较大的贡献；但是重工业明显增加了居民的人均收入，创造了更高的利润，使居民的消费水平得到了提升，相关生产服务业也发展了起来。当加工工业为主导产业时，由于其为技术密集型和知识密集型产业，促进了技术进步和知识发展，也使信息、知识服务等有关的第三产业发展起来。许多发达国家在完成工业化后进入了后工业化阶段，在此阶段，尽管流入城市的人口增速放缓，第二产业在国民经济中占比略有下降，但是快速发展的第三产业使城市的基础设施和公共服务等部门得到改善，提升了城市的功能。城市中各种产业逐次发展和完善，使城市结构得以优化、功能得以提升。因此，产业结构演进可以产生产业关联效应，进而完善城市的结构和功能，推动城镇化发展。

在产业结构演进通过产业关联效应完善城市的结构和功能来推动城镇化发展的过程中，也可能会产生一些不协调的现象。"农业—轻工业—重工业—加工工业—现代服务业"一般是发达国家产业结构演进的发展顺序，以此渐进和有序地提升了城市的规模与水平。发展中国家所具有的要素潜力和基础条件不一样，国际分工地位也不一样，其产业结构常常会跳跃式地演进。虽然跳跃式的发展一定时期内能够使经济增长速度和结构改变效率加快，但是这种差异化的发展顺序或许会产生一些城镇化发展问题。一些发展中国家没有充分的工业化基础，第三产业发展较快，造成城镇化过度发展；也有一些国家优先发展重工业，造成产业结构的发展快于人口城镇化的进程，使其城镇化发展滞后。

（3）产业结构演进通过产业转移效应推进城镇化发展

当一个城市的企业和人口集聚到较大规模后，城镇化的发展便会造成交通拥堵、人口拥挤、生活成本提高等问题，企业的规模效益也因此逐渐减少，当生产成本较交易费用高时，有些工业企业所生产的产品有较强的可流动性，出于降低成本、维持竞争优势的目的，这些企业就会搬到城市的边缘地区；而有些服务型企业需要人口集聚，便会占据工业企业原有的位置，利用良好的区位条件来发展。这样，不同产业的空间位置便在城市内部实现了迁移。一部分劳动力及人口由于企业空间布局发生变化也随着向郊区迁移，使得城市发展郊区化，进一步扩大了城市的规模、调整了城市的空间结构。

产业会出现"梯度转移"现象，即产业在一个城市内的不同地区之间发生空间转移。经济发展和科技进步促使一些发达城市出现了新兴产业，面对竞争压力，相对落后的企业便会慢慢地转向并不发达的中小城市乃至乡村。这些改变一方面发展了中小城市和农村地区，另一方面使中心城市和它周边城市间的关联加深，由此产生并发展了城市群，使城镇化有了更深程度的发展。

产业的转移不是城镇化健康发展的保障。较大的迁移成本会给企业迁移带来更大的财政压力，如果企业不能创造更高的效益，则会影响城市经济发展。因此，企业迁移既是机遇也是挑战，虽然能为企业带来新的竞争优势机会，但是暗含着较大风险。相比之下，通过市场机制实现的产业转移更容易平衡各方的利益，而以非市场手段来促使产业迁移则可能会带来一些问题和困难。产业结构演进对城镇化的作用机制如图 2-5 所示。

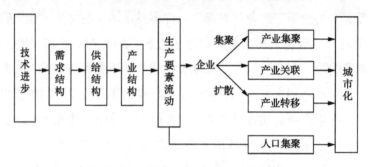

图 2-5　产业结构演进对城镇化的作用机制

（二）产城融合中的"城"对"产"的作用机制

资源在空间中的集聚是城市的本质。一方面，产业结构集聚了企业和人口，从而产生城镇化；另一方面，城镇化会产生空间集聚效应，反作用于产业结构演进。下面从发挥产业集聚效应、改善供给结构、提升需求结构和提供公共服务支持等方面阐述这种影响。

（1）城镇化通过发挥产业集聚效应影响产业结构的演进

城市作为产业结构递进演变的空间载体为城市化提供了所需要的地域空间。一方面，产业结构的逐步递进发展需要在某些地域空间内准备好各项生产要素，并通过产业结构的规模与集聚效应，让城市成为这些要素在地域上的最重要的空间载体；另一方面，城市化发展扩大了城市的规模和集聚效应，使得这些要素流动、转移和集聚在城市中为升级产业提供了更好的空间。若不能更换产业空间载体，便不会有全局高度化的产业结构。

城镇化的发展不断扩大城市的规模。城市的空间集聚效应在城市形成一定规模之前，在产业结构演进方面发挥了更有效的影响力。一方面，产业集聚通过同行业中企业的竞争，使整个行业的劳动生产率得到提高，相较有优势的特色产业在区域内就会凸显出来，并发挥规模效应，使相关服务和配套设施得以改善；另一方面，产业集聚让不同行业的企业集中起来，有益于实现外部规模经济和外部范围经济，推动企业发展，并吸引其他企业和人员聚集。产业集聚聚集了企业，与此同时也聚集了人口，对城市结构及功能有了更高的要求，如规划和建设住宅区、规划和安排交通运输、布局和管理商业区等，对相关服务业的发展及完善产生有利影响。

此外，产业集聚使区域的比较优势得以增强，地方特色得以凸显，区位品牌得以形成，进一步提升了城市竞争力。因此，经济的增长极可以形成于产业集聚区，不但能使全区域内的资源得到吸收和利用，而且能带动周围地区经济的发展，进而实现产业结构在区域范围内的梯度转移和优化升级。

企业和人口的区域集中能够形成产业集聚却不为其所必需。企业和人口集中也许会产生集聚效应或偏差。只有在完善的市场机制、良好的基础设施和公共服务等条件下，才能发挥出集聚效应的功能。

增长极的极化效应和回波效应在不同的经济发展阶段会有不同。发达国家与发展中国家的发展条件和发展阶段有显著的不同，造成各自在城镇化进程中发挥出具有较大差别程度和水平的集聚效应。

由此可知，若城镇化不存在或落后，产业演变就没有或就会缺少所需的生产或非生产要素的集聚。无论是更换主导产业还是优势产业，都不能使必要的资源进入相关产业，并且会对牵引规模经济的市场产生消极作用，也不能为产业奠定基础，而可能会使产业结构发生"空转"，从而使产业结构的演变及优化受到束缚。反过来说，产业结构演变略慢于城镇化，可以在演变过程中提供市场需求，包括要素供给、基础设施及各种服务等，更进一步优化升级产业结构。

（2）城镇化通过改善供给结构支撑产业结构演进

产业结构演进要有一连串供给要素来支撑，如劳动力、资本、技术、土地。城镇化发展不但在城市中集聚了人口、企业和组织结构，而且完善了城市的规模、结构和功能，提高了居民的生产、生活方式及文明程度。城市在规模、质量和水平提升的基础上，快速提高和改善了人口的素质；在集聚空间时，企业获得了规模效应、集聚效应带来的更多的效益，使资金得到积累，技术获得进步。城市规模扩大的过程中，服务业发展加快，基础设施与公共服务得到改善等，这些改变使供给结构得到改善，进而使产业结构演进得到有力支撑。

在城市规模较小、经济实力有限、技术水平低、产业结构不完善、城市功能不完善的城镇化初期，城市产业以轻工业为主导，轻工业的特点是劳动密集，农村的剩余劳动力是其主要的劳动力，城市供给产业结构演进的要素很少。

城市的规模效应及集聚效应在发展经济和提高城镇化水平的同时，渐渐对产业产生影响，使产业积累了大量资本、劳动力和先进技术，促使城市功能不断完善。一方面，城市经济的发展提供了有利条件，使得更多的农村剩余劳动力被吸引和容纳；另一方面，在城市中成长起来的劳动力会因资源环境等因素获得更高的受教育程度和文化素质，因此产业结构演进接收的劳动力层次也更高些。城市的集聚效应使企业利润增加、资本积累，在产业由劳动密集型转向资金密集型再转向技术密集型的过程中，准备好了充裕的资金；为产业结构由轻工业转向重工业再转向加工工业及现代服务业的过程中，提供了有利条件。为产业结构演进提供劳动力和资金只是城镇化的一部分功能，更为重要的是，在城镇化不断推进的过程中，其对技术创新的影响力愈来愈明显。根据动态集聚效应理论，城镇化发展深化了劳动分工，使有利于知识外溢的氛围得以创造，人才和技术不断被吸引过来，城市成为技术创新的主要地方，技术创新活动在城市中愈来愈活跃。1990～1999 年，美国确认的 581 000 项专利申请中有 92% 的专利与城市有关。而在后期，城镇化对产业结构递进提供先进的科学技术、人才及信息的支持，其主要表现是在经济增长的过程中，增加了第三产业在全区域经济发展中的比例，城镇化发展逐步推进产业结构改善，使地区产城一体化形成。

城镇化通过改善供给结构来影响产业结构演进存在多种可能性。如果出现城市劳动力供应大量增加，而教育、医疗、社会保障等公共服务水平难以匹配城市劳动力的增加，就可能难以大范围地提高劳动力素质。城市的空间集聚并不一定能使技术得到创新，这只是技术创新所需的一个必备因素。技术创新是一项复杂的经济活动，因对其产生影响的因素也有很多。一个国家的教育、文化和经济体制也会对技术创新产生很大影响。

（3）城镇化通过提升需求结构支撑产业结构演进

从人口方面讲，城镇化的过程就是在城市集聚的非农业人口占总人口的比例持续提高的过程。个人消费的需求及规模随经济的发展和民众日益提高的生活水平而发生变化（表 2-4）。城市人口大多在第二产业、第三产业就业，劳动生产率比较高，所以城市人口的人均可支配收入比农村人口的明显高一些。

表 2-4　消费结构与产业结构的关联

人均年收入 / 元	消费需求	消费结构	产业结构
≤2100	解决温饱	生理需求占主导地位	第一产业占主导地位，轻纺和日用品在第二产业中的比重较大
2100～7000	追求便利与功能	以生活必需品为主	资金密集的重工业得到快速发展
7000～21 000	追求个性时尚	多样性、多变性、高档次、非物质性消费大大提高	第三产业进入深加工化和高科技化阶段
≥21 000	追求生活质量	高档次生产生活服务	以服务化为主

一般来说，在经济出现增长的环境下，城镇化发展使居民的人均收入有了显著的增加，城市居民家庭的消费需求总量也有所增加，消费需求结构也发生了变化，此时城市居民会更加重视生活必需品、耐用消费品和劳务商品的质量。城市化发展对增加农产品、工业品供应数量和提高其质量，以及发展第三产业提供了动力。

农村剩余劳动力转向城市的影响：一是使农民的人均收入增加；二是城市的资源、环境和条件使农民的消费习惯有了较大的改变，人们不再满足于解决温饱问题，转而会产生多样化的消费需求，去追求多元、高层次的耐用消费品和劳务服务，这有利于大批量地生产最终产品，并使中间产品的生产得到发展。同时，城市居民的消费水平也会得到提高。例如，日本1956~1959年消费率高达70%，经济增长率为6%~8%；1960~1970年经济增长率平均高达10.4%，消费率逐年下降，从最高点1963年的67%下降到1970年的59.7%；在1971年后，经济进入个位数增长，消费率逐步提升，1983年重回70.1%。韩国1988年消费率达到最低点的59.76%，经济增长率为两位数10.64%之后消费率提升到69%。

除此之外，人口的增加和城市规模的扩大，对有关生活、生产的配套设施产生需求。基于这些需求，就要大规模建设城市的公共基础设施。大量的投资流入这些公共基础设施的建设会引发乘数效应，从而带动相关产业的发展，并通过产业之间上下游的关联效应带动产业结构的变动，间接带动其上下游产业的发展。我国相关部门估计，提高1个百分点的城镇化率，将增加1400亿元的城市基础设施投资，最终将使GDP达到3360亿元。

城镇化对需求结构产生影响，进而影响产业结构演进，这个过程需要几个条件。首先，城市人口在一定条件下增加的收入一部分流入消费方面是其必要条件。假若城市人口的收入增长缓慢或所增加的收入并不流向消费支出，那么就不能为产业结构演进提供需求动力。其次，城市基础设施建设的乘数效应是否有利于产业结构的升级，还要看城市的规模与实际情况。在城市已具有一定规模基础上进行适当的投资建设，会使规模效应与集聚效应更容易发挥作用，世界大城市也以这样的趋势率先发展；若随意大规模投资一些较小规模的城市，不但可能形成不了规模效应和集聚效应，而且可能会浪费宝贵的资源。

（4）城镇化为产业结构的有序演进提供公共服务支持

城镇化为产业结构的有序演进提供公共服务支持，主要表现在以下两个方面。

1）提供城市公共服务是政府的重要职能，其依靠公共物品的供给。城市的基础设施建设和公共服务设施建设是城市公共服务的主要内容。企业生产和居民生活都对城市公共服务产生很大的需求。一方面，企业的发展需要与相关企业和消费者展开广泛的市场联系与合作，通常涉及生产、购买、销售与服务等活动；另一方面，企业的发展也需要通过产业集聚开展竞争，以此提高效率、加强合作、降低成本、增加收益。

2）企业的发展离不开城市公共服务所提供的外部环境和条件。其一，企业发展需要城市的基础设施如道路交通、公共服务等，基于这些条件使得生产和经营活动能够更好地开展下去；其二，城市良好的公共服务提供外部环境以促进企业发展，为企业吸引劳动力、人才等资源创造有利条件，帮助企业公平地开展竞争与合作。城市的公共服务水平的提升，可以使城市居民的生活质量和水平得到改善与提高，也提升了城市人口的素质，并影响城市居民的劳动效率和水平。

因此，让城市公共服务的规模和水平得到提高，会对推动企业生产与发展和提高居民生活水平产生重大影响，会极大地吸引企业和居民的集聚。发挥技术创新效应和空间集聚效应，将有利于产业结构推进由低层次迈向高层次。

城镇化通过公共服务支撑产业结构推进会受以下两个方面因素的影响，最终产生不一样的结果。

1）由于政府承担了大部分公共物品的供给，各个国家有各自的国情，它们的财政状况和财政收入与支出的方向和数量并不相同，因此，其公共物品的供给可能会不同。

2）各个国家的人口数量及分布情况不同，也会对公共物品的供给产生不同作用。发达国家的人口数量保持着长期稳定，其人均占有的公共物品量在增长经济的同时保持平稳并有所上升。发展中国家拥有较高的人口增长率和较大的城乡差别，其公共物品的供给会因人口因素和快速的城镇化发展而面临较大的困难。城镇化对产业结构演进的作用机制如图 2-6 所示。

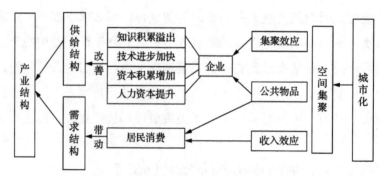

图 2-6　城镇化对产业结构演进的作用机制

根据以上分析，产业结构演变与城镇化互动的关系如图 2-7 所示。

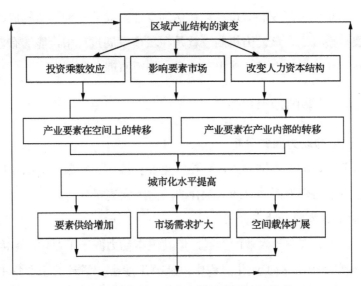

图 2-7　产业结构演变与城镇化互动的关系

总而言之，城市与产业是相辅相成、互相配合和促进的。没有产业支撑的城市，无论外观有多美，都会产生"空城"现象；没有城市依托的产业再高端，也都是"空转"。另外，城镇化和产业化需要相互匹配、同步发展。相互融合、平衡发展的城市和产业方可进入共同进步、相互带动的良性循环之中。产业有了生命力，人的需求就变得旺盛起来，城市的内在生机也随之激发出来，城市形态也就有了"魂"；反之，提高城市的品位、完善城市的功能也能增强产业竞争力，促进其发展，而这也是城市和产业的本义。

机制的原意为"机器的构造和工作原理"，后来应用于自然现象和社会现象，泛指"一个工作系统的组织或部分之间相互作用的过程和方式"。其基本内涵就是一个事物在有多个部分存在的前提下，以什么具体运行方式协调各个部分之间关系以更好地发挥作用。

值得注意的是，"体制"与"机制"二词易于混淆。按照《现代汉语词典（第7版）》中的解释，体制是指"国家、国家机关、企业、事业单位等的组织制度"。很多情况下，体制是指上下之间有层级关系的国家机关、企事业单位有关组织形式的制度。机制重在事物内部各要素的运行原理，即事物各部分之间的相互关系、运行过程和作用方式。机制本身含有制度的因素，还包括手段和方法，简单来说即制度与方法的融合。机制在一个系统中发挥着基础性和根本性的作用。良好的机制能让一个系统在发生不确定的外部条件变化时，主动调整自己以适应新环境，快速做出后续行动或反应，实现优化目标。动力机制主要是指对一个事物产生动力的各个部分的相互作用关系及其原理。

工业化、科技、聚集效应、制度等要素相互之间影响并组成产城融合发展的动力机制。这种动力机制是促进产业和城市互动、达到良性发展的各种因素构成的综合系统,推动了城镇化发展。换言之,该动力机制也就是在城市发展过程中,能够有效促进城市功能和产业发展良性互动的各种力量及其相互关系、作用原理。

二、产城融合发展的动力机制

(一)产城融合的动力因素分析

这里主要从工业化的根本推动力、科技的重要支撑力、集聚效应的积极助推力及制度安排的资源配置力这几个方面来对产城融合的动力因素进行分析。

1. 从工业化的根本推动力来分析

城镇化的原始动力来源于农业的发展,但其根本动力源于工业化,原因如下。

1)聚集效应的作用。在工业化过程中,从事工业生产活动的企业集中在同一区域的行为提高了城镇化率,换言之,更多的农村劳动力迁移至城市,从而提高了城市人口中非农产业人口的比重。劳动者是产城融合中重要的中间媒介,也是产业发展过程中的重要组成部分,又必然会对城市功能产生需求。增加工业产出和劳动力,代表着收入增加,从而引起新增的服务需求。若服务供给在短期内保持不变,则会导致服务价格上升,进而增大该地区的服务业吸引更多劳动力流入的可能性。流入的劳动力代表着增加的人口,更增加了对服务的需求。通过这个作用过程,城市经济不断繁荣发展,城市载体功能不断完善。

2)城市对产业发展的反作用。值得注意的是,不断推进的城市建设和不断完善的城市功能,增加了服务业劳动力和总产出,从而提高了地区的总收入,增加了人们对工业品的需求量。若工业品在短期内供给不变,则会引起工业品价格上升,劳动力工资水平上升,从而吸引新的劳动力流入,促进产业发展。所以,产城融合的原始点是产业的存在,劳动力在这个区域的经济活动既会促进产业的发展,又会使人们对城市功能的需求增加;同时不断完善的城市功能会增加劳动力数量,劳动和服务的价格机制又会进一步带动该区域发展繁荣。此过程将不断促进城市的发展,升级产业结构。这样通过价格机制和因果循环机制发挥了产业与城市的作用。

2. 从科技的重要支撑力来分析

创新的科技催生出新产业,并使主导产业和支柱产业转向发展中的新产业,促使产业结构和产业集聚发生深刻转变。而就业结构和产出结构的变化关系,在很大程度上影响着工业化对城镇化的带动作用。另外,科技支撑力还体现在现代城市建设上。值得一提的是,建设智慧城市是产业发展和完善城市功能的双重需要。经济学家缪尔达尔提出城市发展积累因果理论，他认为当城市发展到一定水平时，城市本身聚集资本、劳动力等生产要素的能力比资源禀赋在促进城市经济增长方面所发挥的作用更重要。这种能力取决于城市能够形成一种繁荣的主导产业，然后由主导产业派生出新的产业，新的产业又能形成新的主导产业。通过这样的发展过程，产业不断进行累积和循环，不断促进城市和经济繁荣昌盛。科技创新能力是城市能够产生主导产业的关键要素，科技创新能力越强，适应市场需求的新产品就会越多，形成主导产业、推动产业升级的可能性就越大。所以，科技进步增添了城镇化发展的动力，推动了城市工业化，有力支撑了城市经济的增长，对城镇化演进产生很大的影响。

3. 从聚集效应的积极助推力来分析

聚集现象与城市规模的变迁存在着紧密的联系。从经济的角度来讲，城市经济在本质上是聚集经济。聚集区拥有较低的交易费用和人力资源成本，以及分工精细化与专业化的优势，同时拥有信息的共享与基础设施，并且形成了规模经济，这些都为技术创新提供了有利条件。所以，聚集效应能助推产业和城市发展，也是城市发展的作用形式。聚集效应与城市发展之间的关系可以从以下两个阶段来分析。

1）工业化产生聚集效应，聚集效应推动城市发展壮大。初期工业依靠主导部门逐步壮大并形成城市的主导工业，形成聚集效应和规模效应，其意义包括以下两点。① 为城镇化提供了相应的物质和技术基础；② 聚集了人口、企业等各种资源，推动服务产业和经济的发展，扩大了城市规模。

聚集效应影响了个体与厂商的理性经济行为，从而对城市发展产生作用，并为其提供了内在动力。

2）城市发展壮大进一步促使聚集现象产生，促进城市功能完善和产业升级。这种机理和聚集效应与产业经济中的组织结构相关。聚集扩大了城市的空间和规模，使社会分工更加精细，创造了适合投资的环境，通过经济行为进一步加强了城市产业和部门之间的联系，为技术进步、创新创业活动、创新人才的培养创造了需求。在这种强大需求拉动下，城市的科技进步和创新活动作用于相关产业链条，促进产业的成长进步。产业之间的关联效应促进了经济增长，推动了城市发展和扩张。

4. 从制度安排的资源配置力来分析

一般情况下，根本制度、基本制度和具体制度是制度的 3 个层次。其中，根本制度属宏观层次，基本制度属中观层次，具体制度属微观层次。所谓影响产城融合的制度创新，主要是指微观层次的具体制度，某一个方面的制度，实际上也就是国家或地方政府在推动城镇化和产业发展方面实行的具体政策或措施（如土地制度、户籍制度等），包括调整政府公共政策在内的制度安排，都会影响城市和产业发展的进程，其起到或加速或抑制的作用。制度安排创新革新了技术，新产品或新的管理方法应时而生，新兴产业也得以衍生出来，产业结构从而得到改变。制度安排创新直接或间接地通过土地政策、户籍制度、人才政策、社会福利政策等形式，特别是人口的聚集影响了城市的发展。这些有效率的制度安排，加速了聚集生产要素，使城市功能定位更精准，促进了城市经济繁荣，加快了城市发展进程，成为产城融合的重要动力。

（二）动力因素推动产城融合的作用机理

在城市发展过程中，能够有效促进城市功能和产业发展良性互动的各种力量，在工业化、科技、聚集效应、制度安排等因素组成的综合系统中，其相互作用的机理是：工业化是产城融合的推动力，科技是产城融合的支撑力，聚集效应是产城融合的助推力，制度安排是产城融合的资源配置力。在这4种力的相互作用中，工业化作为产城融合的基础动力和根本性动力，若动力不足，产城融合就没有牢固的基础，就无法形成强大的支撑力，城市在发展起来后也可能没落。很多资源加工型城市前期因资源而发展起来，之后又因资源枯竭而难以维持发展，恰恰证明了这一点。当工业化不再发挥强有力的助推作用时，科技的作用就显露出来。科技促使城市工业化升级换代，提出与升级换代的工业相匹配的人才、各种资源要素的要求，衍生出新的聚集效应，促进更深度和更广度的产城融合发展，制度安排在此时就应发挥资源配置力的作用。若制度安排配置资源科学合理，则更容易使产城融合向深度和广度发展；相反，产城融合难度就加大，难以平衡、同步的发展。

工业化推动了产业结构的升级，从整体和总量的角度看加快了城市的经济发展。科技支撑了城市的发展和产业的升级，为它们提供了技术支持，产业发展因此激活了生命力，城市效率与城市竞争力也随之提高。聚集效应促进了产业要素内部之间的合理充分流动，推动了产业的发展；聚集效应使企业和人口集中起来，扩大了城市空间，推动了城市的繁荣发展。在城镇化方面，制度安排的资源配置力影响了城市的结构和形态及功能定位，并对城市未来的发展机遇产生作用；在产业发展方面，制度安排的资源配置力促进了产业组织、产业政策、产业升级等方面的发展。这些因素的共同作用，促进了城市经济的发展，完善了城市功能，使产城在融合发展中产生合力，提升了整个城市竞争力和综合实力。工业化、科技、聚集效应、制度安排促进产城融合发展的作用机理如图2-8所示。

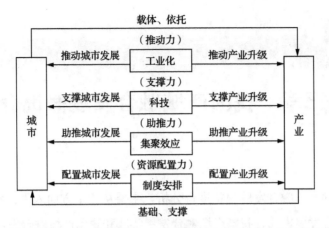

图 2-8　工业化、科技、集聚效应、制度安排促进产城融合发展的作用机理

第三章　我国产城融合发展概况分析

本章将对我国产城融合发展现状进行分析，主要从 4 个方面入手：我国城镇化发展概况、我国产城融合发展模式、我国产城融合发展实践和我国产城融合发展问题。

第一节　我国城镇化发展概况

中华人民共和国成立以来，中国的城镇化经历了从缓慢发展到迅速发展的过程。国家经济的发展与城镇化的发展有着不可分割的联系，国家经济的发展会带动城镇化的发展，城镇化的发展又会推动国家经济的发展，二者相互作用、共同进步。我国城镇化的快速发展显示出我国经济发展的迅速。

一、我国城镇化发展时期

从我国城镇化发展的程度来看，城镇化大致经历了 3 个时期：曲折发展时期、快速发展时期和科学发展时期。

（一）城镇化的曲折发展时期

1949 ~ 1978 年可以说是我国城镇化的曲折发展时期，分为中国城镇化的恢复发展期和徘徊发展期。

城镇化的恢复发展期是指 1949 年中华人民共和国成立到 1957 年城镇化稳步增长这一时间段，此时国民经济的恢复及社会主义经济建设的顺利推进促进了城镇化的发展。从 1949 年中华人民共和国成立到 1952 年年底，国民经济处于 3 年恢复时期，其中心任务是巩固新生的人民政权，迅速恢复国民经济。经过全国人民的努力，我国在短短 3 年时间内就完成了恢复国民经济的任务，国家经济得到很大的发展，社会经济结构也得到了一定的调整。在这以后，我国实施了第一个五年计划，提出优先发展重工业，这就使得工业建设得到飞速的发展，也产生了一批新兴的工业城市，城市人口直线上涨。城市人口的急剧增长给原先的城市基础设施造成了巨大压力，只能依靠将部分工业企业转移至中小城市来缓解城市的压力。城镇化的迅速发展也呈现出一些新的特点：① 城镇人口增长迅猛。1949～1957 年这一阶段，一共有 4184 万人成为城镇人口，增长率高达 72.6%。② 城镇化水平提高速度快。1949～1957 年，我国的城镇化率从 10.6% 增长到 15.4%，城镇化水平得到极大提升。③ 城市数量变多，规模变大。这一时期，新增的城镇有 27 座，新兴城市不断发展壮大，成为国家发展的重要力量。

1961～1978 年属于徘徊发展期。1961 年，中共中央提出了"调整、巩固、充实、提高"的方针，在适当调整国民经济各方面的比例关系的同时，撤销一部分不合标准的城镇，合理控制城市人口。所以，这一时期出现了中国近代史上大规模的一次人口流动，不同于以往的是人口开始由城市向农村转移，也就出现了"逆城镇化"现象。1966～1976 年，这一时期的指导思想是城乡一体化思想。此时，国家开始实行知识青年上山下乡的政策，为响应国家政策，200 多万城镇人员从城市走向农村，这就造成了人口向农村地区的大规模流动，同时有效地限制了城镇化的发展。这期间，我国的城镇化率不断下降，1961～1965 年下降了 2.8 个百分点；城镇的数量日益减少，1957～1963 年，全国城镇从 3596 个减少到 2877 个，下降率约 20%。1966～1978 年，我国国民经济受到严重的破坏，经济发展速度下降；农产品供不应求，无法保证城市的发展需要，大批知识青年上山下乡，城市人口很难实现自然增长。当时，我国工业发展主要以国防建设为中心，产业布局较为分散，城镇化处于负增长的状态。1976 年的工业总产值较 1966 年增加了 94%，城镇人口增加了 13.8%。1966 年我国城镇人口占总人口的比重是 17.86%，1978 年这一比重只有 17.92%。10 年的时间，我国的人口城镇化率仅仅增长了 0.06 个百分点，并且长期维持在 17.5% 左右，这说明我国出现了第二次"逆城镇化"现象。1949～1987 年，我国城镇化开始朝着小城镇的方向发展。可以看出城镇化经历了一个曲折的发展过程。由于这几次的城镇化主要是依靠政府的行政力量进行的，是自上而下来推动的，并没有依靠市场的力量进行调节，这些都影响了城镇化的健康发展。

（二）城镇化的快速发展时期

1979～2002 年是城镇化的快速发展期。1978 年改革开放以来，我国经济体制不断改革与推进，市场经济体制改革从农村到城市全面开展。在市场经济条件下，我国的城镇化走上了一条由政府与市场共同作用的多元化道路。农村家庭联产承包责任制的推行，极大地提高了农民的劳动积极性和生产力水平，有利于推动农村剩余劳动力向城镇的转移，同时也有利于加强城乡之间的交流合作。此时政府实行上山下乡的知识青年返回城镇的政策，促进了城镇人口的迅速增长，城镇化水平显著提高。城市经济体制改革是指城市的经济组织形式和管理制度的自我完善过程，它有利于扩大企业和政府的生产经营自主权。在市场经济逐步开放的条件下，一部分民营企业迅速发展，投资格局越来越多元化。从改革开放到 20 世纪 90 年代，政府开始放缓对城镇化道路的主导作用，反而是市场加强了对城镇化道路的影响，这就形成了一种新型的城镇化道路，它是以政府投资的自上而下型和民间力量推动的自下而上型相结合而产生的一种发展模式。1993 年《中共中央关于建立社会主义市场经济体制若干问题的决定》强调要加强规划，引导乡镇企业适当集中，充分利用和改造现有小城镇，建设新的小城镇。这项政策的出台，加快了小城镇的迅速发展，也使市场经济逐渐成为小城镇发展的主导力量。2002 年党的十六大报告提出，坚持大中小城市和小城镇协调发展，走中国特色的城镇化道路。这就标志着我国的城镇化道路已经进入新的历史发展阶段，其主要表现在以下几个方面：① 城镇化率的明显提高。1979 年的城镇化率为 18.96%，到了 2002 年城镇化率增长至 39.09%，城镇化率得到极大的提升。② 城镇的数量急剧增多。2002 年全国共有建制市 660 个，相比 1978 年增加了 467 个，增加了 2.4 倍，足以看出城镇的增长速度之快。③ 城镇化的规模和结构逐渐扩大。2002 年在全国所有建制市中，人口在 400 万以上的城市占 1.5%，人口在 200 万～400 万的城市占 3.5%，人口在 100 万～200 万的城市占 20.9%，人口在 50 万～100 万的城市占 42.3%，人口在 20 万～50 万的城市占 25.9%，人口在 20 万以下的城市占 5.9%。至此，我国形成了一种大中小城市配套发展的城镇发展体系和发展格局。而且，我国的农业在国民经济中的比重逐步下降，第二产业、第三产业发展迅速，这意味着我国开始进入工业化发展的中期阶段。

（三）城镇化的科学发展时期

2003 年，我国的城镇化建设开始进入科学发展时期。2003 年，十六届三中全会提出了"坚持以人为本，树立全面、协调、可持续的发展观"。2007 年，党的十七大报告进一步提出，走中国特色城镇化道路，按照统筹城乡、布局合理、节约土地、功能完善、以大带小的原则，促进大中小城市和小镇协调发展。我国的城镇化建设逐渐进入良性发展的时期，我国城镇化的投资主体从政府单一推动演变为民间、外资、政府等多元投资推动，城镇化道路的多元化也促使多种类型城镇的形成，如工业型、交通型、旅游型、商贸型等。随着国家政策的逐步完善，我国的城镇化发展格局越来越多元化，城镇化发展的主要特点也发生了一些变化：① 城镇化发展的速度越来越合理。城镇化率控制在一个合理的区间内，如 2008 年城镇化率达到了 45.68%，较 2002 年提高了 6.59 个百分点，城镇化率平均每年提高约 1.1 个百分点。② 城镇化不再是单一的数量增多，更是在质量上有一定的保障。要保证总体城镇数量减少，单个城镇的规模要扩大，如 2007 年，有 11 个城市的 GDP 超过 3000 亿元，到 2008 年 GDP 超过 3000 亿元的城市达到 22 个。③ 城镇之间的联系越来越密切，城乡之间保持融合发展。城镇带动农村，农村紧随城市，二者相辅相成、共同进步；统筹城乡发展，一体化格局逐步形成，在城乡、区域及行业之间的统筹协调更是取得了巨大的进展。当前社会主义现代化建设的重要任务之一就是城镇化建设。

2005 年，中共中央强调坚持走建设中国特色城镇化发展道路，遵照循序渐进、节约土地、集约发展、合理布局的原则，形成资源节约、环境友好、经济高效、社会和谐的城镇化发展格局。中共中央于 2010 年提出要以科学发展观为指导，稳妥地推进城镇化建设。

2013 年，十八届三中全会提出要坚持走中国特色新型城镇化道路，推进以人为核心的城镇化，推动大中小城市和小城镇协调发展、产业和城镇融合发展，促进城镇化和新农村建设协调推进。走中国特色新型城镇化道路是历史的必然选择和现实的发展要求。中国特色新型城镇化道路为未来城镇化的发展指明了方向，有利于推动城乡统一规划，推动我国现代化的进程。2013 年，中共中央专门召开了全国城镇化工作会议，确定了新型城镇化发展的指导思想、主要目标和重点任务，为推进新型城镇化建设做出了具体的部署。中国城镇化的实践加快了关于城镇化的理论研究。

近期，城镇化问题逐渐引起学术界的关注，各类城镇化内容的研究课题层出不穷，这些文章、著作运用各种专业知识对城镇化进行研究分析，作者在探索的过程中摸索城镇化发展的规律。总体来看，城镇化发展主要表现在以下几个方面。

1）国家加大了城镇化问题研究的支持力度。从 2008 年开始，国家开始重视城镇化课题的立项问题；到 2010 年，立项课题的数量与深度相比以前有了很大提高；2013 年，中央提出加快城镇化建设的战略后，国家更加重视城镇化问题的研究，在政策与资金上给予了很大的帮助，这些举措都对城镇化问题的理论研究具有积极的作用。

2）学术界对城镇化问题的研究热情高涨。近年来，关于城镇化的学术论文、国家课题立项、会议论文的数量越来越多，从这些文章和著作中可以看出：2002 年，学术界开始关注城镇化的问题，但是因为当时的研究较少、涉及的深度不够等，有关城镇化的文章和著作未能引起社会广泛的重视，也未能形成大规模的学术研究。直到 2010 年，学术界开始重拾对城镇化问题的研究，并出现了一批优秀的研究作品。

3）综合性的城镇化理论有了更深入的研究探讨。城镇化问题越来越受到研究者们的关注，出现了众多有关城镇化内容的文章和著作，但是大多数研究者只是提出了对城镇化的看法、建议及思路等。从这些有关城镇化问题的文章和著作来看，学术期刊较多，而系统论述的专著较少；其研究内容大多以城镇化问题的经验总结为主，而缺少城镇化进程的理论思想探究。大部分文章没有针对城镇化过程中出现的问题提出相应的解决方法，缺乏对城镇化问题的探究。对于全面的城镇化研究，我们还处于探索阶段，城镇化方面的综合性理论研究还需要我们努力进行剖析。

二、我国城镇化道路的特征

我国新型城镇化是在继承传统城镇化的基础上，与当代的发展现状相结合，以便于更好地服务广大人民群众而提出的一种新式城镇化发展策略。新型城镇化的显著特征是以人为本，围绕"人"这个核心实现高质量的城镇化。

（一）以人为本的城镇化

我国的新型城镇化与传统城镇化有根本上的不同，新型城镇化是坚持以人为本的城镇化。而传统城镇化忽略了人的主体地位，单一地以物为本，追求的是片面的、过度的发展，由此生成了许多的社会问题。传统城镇化过程中，普遍有重经济、生产、建设，轻文化、生活、管理的倾向，这就会造成城镇发展的不平衡。要想改变这种状况，就要结合时代发展的要求，转变重物质而轻人本的发展战略，注重"人"在城镇化中的重要地位，由偏重城市物质形态的扩张向着满足人的需求、促进人的全面发展的方向转变，由偏重城镇数量的增多、规模变大向高品质转变，由偏重城市的发展向城乡一体格局转变。

新型城镇化注重"以人为本"，它首先考虑的是人与自然之间的关系法则，二者之间要和谐相处，让绿水青山、蓝天白云与城镇的其他要素成为不可分割的一个整体。城镇化建设要坚持绿色发展理念，关注城镇的生态环境与自然风光，让绿色成为城市的底色，实现自然环境与城镇进步的协调发展。在协调发展、绿色生产的理念下，我们要推进城镇建设绿色化，保障基础设施建设，构造环保、绿色、健康的新型城镇建筑体系。在城镇生活的人们可以享受到基本的生活保障，新型城镇化可以让更多人感受到城镇生活的幸福之处。城镇没有将人口的增多看作一种压力，人口集中有利于城镇的发展与进步，也为城镇的持续发展增添了活力。从根本上讲，新型城镇化是为了让城市居民与农村转移人口都能够享受城镇化带来的便利，达到当代社会发展的科学、和谐，同时促进人类社会的健康发展。从实质上讲，城市群是新型城镇化建设的重要载体和实现途径，社会进步与可持续发展都要求我们走紧凑集约化的道路。我国的新型城镇化建设提倡节约型发展模式，即节约社会资源，实现资源的最大整合利用，努力实现低物耗、低能耗、低污染，争取获得高效率、高效益。同时，也要加强资源的循环再利用，减少环境污染，共同建设绿色家园。从生活方式上来看，我国的新型城镇化建设倡导绿色消费、绿色发展，减少各方面的环境污染，创造健康、舒适的生活环境，实现生态的可持续发展，使得人与自然和谐发展。从生态文明宣传上来看，新型城镇化建设应该发动广大人民群众积极参与环境保护相关活动，使其树立保护自然、人与自然和谐发展的绿色发展理念，并自觉遵守环境保护与生态文明的相关法律。

实现以人为本的新型城镇化发展目标，要求城镇化建设要满足人们不断增长的各方面需求；要以产业的协调发展促进经济的发展，用以保障居民所享有的政治、经济、文化等方面的权利，这不仅有利于提升居民的思想道德素质、科学文化素质与身体素质，还有利于创造良好的社会环境。新型城镇化道路的根本目标是坚持以人为本，注重人的全面发展，人的全面发展与新型城镇化建设有着相互作用的关系。新型城镇化能够为人的全面发展提供优良的社会环境，在具有良好氛围的生活环境下，人们会更加注意自己的言行举止，为营造新型城镇创造条件；人的全面发展也能够促进新型城镇化的发展，只有提高人的素质修养，实现人的全面发展，才能提高整个社会层面的思想道德水平，达到促进新型城镇化发展的目的。我国的新型城镇化是人的全面发展与城镇化发展的结合，既重视人的全面发展，又将城镇化落到实处，创造出一种进步发展、不再单一的新型城镇化。

（二）强调品质的城镇化

传统城镇化单一地强调城镇规模的扩大，其建立在土地经济的基础上，是一种以物为主体的城镇化，没有注意到人的重要性。这样的城镇化缺少内在的思想，没有足够的产业支撑和社会保障，在运行过程中会产生许多利益纠纷与社会矛盾，所以传统城镇化方案已经不可用，随之产生了新型城镇化。我国的新型城镇化以有品质的城镇化为目标，要求提高进城农民的生活质量，增加整个社会的福利条件，围绕以人为本的发展理念，走中国新型城镇化道路。创造集约、绿色、智能、低碳的新型城镇化环境，体现了我国城镇化的现代化特点。

产业集群是新型城镇化发展的必然结果，其可以防范"空心化"城镇的出现，提升企业间的竞争力，塑造一批优良企业。产业集群还可以实现"以产带城，以产促城"，新型城镇化带来产业集聚，人口随之集中，促进经济发展由单一的生产园区向融生产、服务、消费等为一体的复合型功能区转移，各行各业竞相发展，极大地推动我国新型城镇化的发展。

新型城镇化的一个主要特点是发展模式的集约化。集约型发展主要体现在新型城镇化的发展规划、产业支撑、空间布局、能源利用等方面。集约型发展极大地推动了新型城镇化的进程，使得城镇居住、生活、交通、城市管理等方面的运行效率和能源利用效率得到显著提高。城市空间的集约规划，使得城镇布局更加合理，让大中小城市与城镇之间的发展更为协调。集约型的城镇规划有利于提高城镇发展的整体性、协调性，提高城镇的建设个性。资源集约化可以有效地利用土地资源，合理提高城镇人口，创建节约资源的产业发展模式，是我国新型城镇化建设的重要原则。在合理发展城镇地表空间的同时，也要充分考虑城镇地下空间的开发利用，在人口密集的地区积极发展地下交通、地下仓储等设施。

在科技高速发展的今天，我国新型城镇化的方向朝着智能化转变。新型城镇融入智能化体系，对城镇化发展产生了极大的推动作用。智能化的信息技术运用于居民的日常生活之中，极大地便利了居民生活的许多方面，智能化逐步成为推动城镇化进步的强有力手段。智能化的发展，完善了城镇发展的相关功能，加速了新型城镇化的发展。当今，众多的智能化技术广泛应用于各个领域。例如，产生了智慧学校、智慧家庭等新的领域，这些也促使了智慧城市的产生。城市智能化发展到一定阶段就产生了智慧城市，智慧城市推动了我国新型城镇化的进程，对我国城市生活影响极大，甚至对政府决策、市政管理、公共服务等方面也有革命性的影响。

我国新型城镇化建设要坚持绿色发展。绿色城镇的建设要将生态环境与人文精神结合起来，并体现在社会的各个方面，形成一种体现人文情怀、生态可持续发展的社会环境。绿色发展要求实现人与自然的和谐共生，实现人类社会的发展与自然界保持相对的动态平衡。新型城镇化注重发展与生态环境之间的矛盾问题，并注重如何消除二者存在的负面影响。新型城镇化要求绿色发展，在建设过程中要求减少污染，节约资源，实现环境的可持续发展。运用相应规章制度规范新型城镇化建设中出现的环境问题，将生态文明的理念融入新型城镇化建设的各个方面，以保障资源的可持续发展，为城镇居民创造良好的生活环境。

我国新型城镇化建设要坚持低碳发展。低碳城镇坚持以"低耗能、低污染、低排放"为主的发展理念，通过转变城镇产业的结构模式，提升能源的利用率，推动城镇的可持续发展。我国城镇化建设规模大、发展速度快，但是我国的环境与资源不足以支撑常规的高碳排放量，排碳量达到一定程度后，会造成相应的环境恶化等问题。为了保持我国生态环境的可持续发展，我国提出了"低碳生活"的口号。新型城镇化发展中要求走低碳城镇化道路，以低碳城镇的形式打造碳含量较低的生活生产环境。当代，人们利用清洁能源来减少碳排放量，如利用太阳能、风能、地热能、生物能等发电和供热。通过调整产业结构，以可再生资源代替不可再生资源为发展目标，促进可持续发展，推进低碳生活、绿色生活。当前，低碳技术和低碳发展已经成为国家竞争力的一个重要体现，世界各国都极其重视对可再生资源的开发与利用，我国也不例外。我国要大力发展低碳技术，不仅是城镇化建设的要求，也是我国经济发展的一个机遇。

（三）协调发展的城镇化

我国新型城镇化建设要注重协调发展。协调发展存在于城镇化发展的各个方面，除了经济、社会、环境以外，在城镇产业、城镇布局和规模等方面也要做到有序发展。协调发展要坚持以人为本，以市场调节为主，创新发展，增长内涵，实现低成本、高收益的可持续发展。我国新型城镇化与传统城镇化的发展理念有所不同，传统城镇化没有考虑到协调问题。传统城镇化要求大力发展经济，以政府为主导力量，以工业化为主线，大量消耗能源，是一种高成本、低收益的城镇化模式，其中出现了许多问题与矛盾。

我国新型城镇化是人口、工业、空间资源配置效率相互联动、全面协调发展的过程，也是动态的、多维的发展过程。因此，我国新型城镇化建设要平衡人口增长、产业发展、空间聚集三者的关系，以达到协调发展。第一，保证一定的农业人口转移为非农业人口，让广大转移人口与城市生活相适应，这就要求农村人口要转变自己的思维方式与行为模式，以贴合城市发展的标准，并融入城市的经济、社会、价值、观念等方面。第二，新型城镇化的发展少不了一定的产业支撑。产业发展是人口转移的物质基础，城镇化速度越来越快，城镇人口也越来越多，这就要求我们应对产业发展布局做出一定的调整。根据世界城镇化发展的一般规律，随着生产要素在城镇加速集聚，城镇化进入真正意义上的快速发展阶段。大部分国家的城镇化是从以农业为主向以工业与服务业为主转变的过程。产业结构的转变适应社会的发展，有利于增强产业的发展能力，有利于实现产业与人口相协调。第三，空间集聚要适应转移人口和产业的发展要求。形成一个便利人们各个方面的产业圈，不仅可以有效地发挥空间集聚的强大作用，还可以提高城镇空间的利用率。要努力实现人口增长、产业发展和空间集聚三者的协调均衡发展，这样有利于实现我国新型城镇化的可持续发展。

传统城镇化发展多以大城市的发展为主，忽略了中小城市的发展。大城市的发展以"摊大饼式"向乡村延伸，大城市逐渐兴起，有些地方开始大面积圈地建园，甚至成立开发区，以此吸引外商投资，发展区域经济。随着城市人口越来越多，城市不足以承载人口压力，基础设施与社会保障能力逐步下降，道路交通、能源动力、通信设施、社会保障等方面都制约着新型城镇化的进程。新型城镇化建设就是要改变这种只将农村人口转移为城市人口的想法，根据地方经济发展现状和区域特点，发展小城镇，从而走上大中小城市和小城镇协调发展的道路。我国新型城镇化主要以城市群为主体形态，推动大中小城市与城镇的协调发展。大城市要充分发挥带动作用，促进中小城市共同发展、共同进步。大城市利用人才、资金、技术和信息等带动小城镇的发展，促进大中小城市间的经济协调发展。中小城镇是地区经济的中心，通过生产要素的流动、技术和信息的传播，发挥区域组织的协调、带动和促进作用，在创造社会财富的同时，吸纳农业转移人口，带动城镇经济的发展。

三、我国城镇化道路的内涵

我国城镇化道路的内涵：以坚持人的城镇化作为新型城镇化的发展目标，以实施新型工业化作为新型城镇化的发展动力，以统筹兼顾各种关系作为新型城镇化的发展路径。

（一）发展目标——坚持人的城镇化

我国城镇化发展的前提是增加人的福祉。人的城镇化与物的城镇化的发展理念及发展思路是不同的。人的城镇化不仅要让非城市人口转变为城市人口，还要转变他们的职业与身份，提升人口数量的同时还要提高人口质量，实现人们的价值观念、思想观念上的转变。物的城镇化的核心是土地的城镇化，要求合理规划土地，在扩大城市规模与建设用地的同时，不断向城市集中资源要素。物的城镇化是人的城镇化的重要基础，人的城镇化是物的城镇化的终极目标。仅仅追求物的城镇化，虽然经济也能够得到一定发展，人们的物质生活水平也能够得到提升，但是人们缺乏精神方面的满足与社会环境的舒适，没有深入关注人自身的价值，这样的城镇化是没有灵魂的。人的城镇化与物的城镇化要相互结合，协调发展，如此才能构成我国新型城镇化的主要内涵。我国新型城镇化建议要求从注重城镇化的数量逐渐转变为注重城镇化的质量，不再单一地只重视城镇化的规模，更要重视城镇化的内涵。重视城镇化的质量，实现人的城镇化，这才是我国城镇化的根本意义所在。换句话说，我国新型城镇化发展程度在很大程度上由能否实现人的城镇化所决定，然而在很长的一段时间里，我们更多地强调物的城镇化，人的城镇化相对滞后。这种模式更多地注重物质方面的内容，虽然它有利于城市规模的扩大与基础设施的增加，但是这些没有带给人们生产生活方式上的根本性转变，只是一种形式上的城镇化。

部分地区为了经济的快速增长，忽略了该地区的环境承载力，提出了很多超负荷的发展指标；加上缺乏支柱性产业与社会公共服务，社会矛盾日益突出。这些都影响着城镇化发展的进程。近年来，部分地区为了扩大城市规模，加快城镇化的发展进程，建了许多楼房，由于缺乏支柱性产业的支撑，变成了有城无人的空城。

正是以上情况的出现，我国新型城镇化发展越来越重视人的城镇化，并且努力实现物的城镇化和人的城镇化的协调发展。加快农村城镇化的进程是人的城镇化的必然要求，人的城镇化需要良好舒适的生活居住环境做支撑。人们的生活环境和生活条件与人们的生活质量息息相关，只有提升人们的生活质量，才能给人的城镇化提供强大动力。现代工业发展给环境带来一定的污染，加上一些其他方面的环境问题造成严重的生态破坏，农村城镇化可以适当地缓解城市污染压力。农村地区地域宽阔、资源丰富、空气新鲜、环境优美，农村城镇化为人们提供了极其理想的生活环境。新型城镇化道路在根本上是要让人活得轻松舒服、健康长寿。农村的城镇化既满足了人们对基础设施的需要，又满足了人们对生活的高质量要求，也是新型城镇化的一大特色。

我国新型城镇化建设为实现人的城镇化，满足城镇居民生产生活的需要，就要创造各种优越的发展条件。例如，加快城市基础设施建设的步伐，促进农村人口向城镇转移，有效增强工业对农业的反哺能力，促进基本公共服务均等化，推动资金、技术、劳动力等生产要素向城镇优势产业集聚，建立普惠型的社会福利制度。要实现我国新型城镇化建设，就要使城镇规划和城市建设朝着绿色生态和宜居幸福的方向发展，提高人们的生活水平，让人们的生活得到明显改善。建设新型城镇化道路，要以经济运行效率更高、自然环境更好、社会氛围更加和谐为目标，切实提高人民群众的幸福指数，让更多人拥有舒适的生活环境。

（二）发展动力——实施新型工业化

新型工业化提供技术装备与资金支持，是我国新型城镇化的主要发展动力。新型城镇化也是新型工业化的主要载体和农业现代化的外部条件。世界各国的城镇化都与工业化有着紧密的关系，工业化水平越高，城镇化水平就越高。钱纳里对 1950 ～ 1970 年约 100 个国家的城镇化与工业化发展水平之间的关系做了调查，结果显示人均收入水平越高的国家，其城镇化水平越高。

现代新型工业化是与信息技术相结合的工业化，其发展速度快、科技含量高、环境污染少、资源消耗低、经济效益好，其人力资源也得以充分发展。新型工业化中信息技术的融入有效地提升了生产效率，其不仅符合时代发展的需要，还促进了高科技产业的发展，改造并提升了传统产业。新型工业化与以往传统工业化的发展模式有所不同，"新"主要注重与信息化相结合，推动高新技术产业与战略产业的融合，区别于传统工业化的高投入、高消耗、高污染。新型工业化的发展推动了相关产业的发展，使得产业结构更为合理，经济水平有一定的提升。新型工业化坚持可持续发展的理念，不再使增加投资、消耗资源与污染环境成为其中一环。

新型工业化推动着新型城镇化的发展进程。新型工业化为新型城镇化创造供给，新型城镇化对新型工业化有所需求。工业经济有效地集中人口，带动经济的发展，有助于新型城镇的形成。因此，新型工业化、城镇化是相互联系、彼此作用的，工业化促进城镇化，城镇化又推动了工业化。只有坚持新型工业化与城镇化的协调发展，才能促进我国经济与社会的发展。新型工业的发展促使新型城镇发展，这有利于充分发挥人才资源优势，合理规划土地利用，节约社会资源，促进经济格局的形成。新型工业化增强了城镇的可持续发展能力，它追求的是"科技含量高、经济效益好、资源消耗低、环境污染少、人力资源优势得到充分发挥"，最终目标是实现这几个方面的统一。为了避免传统工业所带来的高消耗、粗放经营的弊端，新型工业化在环保、节能技术方面做出了调整，有效地保证了经济的可持续发展，改善了经济增长的质量与效益。新型工业化的发展需要更多多元化的人才，促使形成多元化的人才发展机制，不同领域的人才在各自的岗位上充分发挥作用，提高了人才资源的利用率，推动了城镇化的发展。新型工业促使经济结构调整，人们的生产由农业转向工业与服务业，这也推动了就业结构的转变。

在城镇经济发展中，第三产业的发展会产生巨大的聚集与带动效应，聚集效应产业群出现，产业群里的各个产业分工明确。在产业结构的调整中，农业人口比例下降，农业越来越规模化、现代化，农业生产率逐步提高。农业的工业化以小农经济向大农业转变为主，它是提高劳动生产效率、缩小生产商品必要劳动时间的强有力手段。城市的工业部门运用机器工作后，机器开始向农业领域发展，当今的农业逐渐由人力耕种转变为机器耕种，这种农业以农业机器化、良种化和化肥化为主要特征。大工业的迅速发展促使产业结构转变，社会分工更加明确，每个人、每件事、每个产业都有不同的分工。在产业之间的合作方面，为降低生产成本和交易费用，企业的生产越来越集中于城镇区域。城镇开始形成不同功能的产业区，分工细化，专业化程度提升，有利于生产—消费产业链的产生，同时也密切了不同产业之间的联系。劳动分工引起的专业化程度的提高，促进了专业化经济的形成，专业化经济又加快了新型工业的产生。随着城镇产业区的聚集和各项基础设施的完善，非农业人口会选择一定的区域和环境生活，形成居住功能区，从而推动城镇的整体发展。在这些功能区内，各产业之间相互依存、相互促进，联系也越来越紧密，企业与居民之间的关系越来越多样与密切，尤其是在新型工业化方面。随着人民生活水平的提高，新型工业化的发展刺激了各种生活服务的发展，同时也带动了城镇基础设施建设，这些都推动着新型城镇化的进程。

（三）发展路径——统筹兼顾各种关系

我国城镇化发展的基本原则是统筹兼顾，这也是解决我国城镇化建设面临的各种问题的有效方法。要想做到统筹兼顾，就要做好利益之间的协调工作。统筹是建立在充分发挥各方面积极性和创造性的基础上的统筹；兼顾是一种整合和优化。我国新型城镇化发展道路考虑到平衡各方面的利益，特别是城乡间、区域间、社会与经济发展间、人与自然间、国内发展与国外开放间的关系，通过各种利益的优化组合，调动各方面的积极主动性，努力实现高效集约、环境友好、功能完善、个体鲜明、城乡一体、社会和谐、大中小城镇协调发展的新型发展道路。我国新型城镇化发展要坚持统筹城乡发展的原则，这也是解决我国"三农"问题的基本方法。通过分析世界各国的城镇化，可以发现城镇化在每一个发展阶段都有不同的侧重点。城镇化发展的初级阶段，城市的集聚作用是极大的，人口、产业都以城市为中心；接下来，城镇化是由城市发展带动农村为主；在城镇化的平稳发展阶段，人口和产业在城市与农村之间的转移则处于一种均衡状态，这是世界城镇化进程所表现的一种客观规律。我国新型城镇化是将城镇与农村、农业与工业、农民与市民作为一个整体来看待的，注重国民经济和社会发展的全局，统筹解决经济社会中出现的问题，发挥城市带动农村的作用；制度改革顾及方方面面，实现公共资源与公共服务之间的均衡配置，促进生产要素的合理流动。

统筹大中小城市与城镇协调发展。中国新型城镇化的基本方向即为建设区域范围内的城镇集合体。从世界各国城镇化的模式来看，城市群是城市发展到成熟阶段的最高空间组织形式，是在地域上集中分布的若干特大城市和大城市集聚而成的庞大的、多核心的、多层次的城市集团，是大都市区的联合体。城市群可以在更大范围内实现资源的优化配置，增强辐射带动作用，同时促进城市群内部各城市自身的发展。城市群是相对独立的城市群落集合体，是这些城市城际关系的总和。城市群在不同的发展阶段表现为不同的形式。早期，城市群以城镇的密集程度来划分；之后，城镇之间的联系越来越密集，各部分各要素之间相互作用，城市群协调机制逐渐形成。城市群的出现有利于充分发挥各地区产业之间的分工合作，使得城市功能分工更加合理、科学；有利于充分利用地理自然条件，密切城市间的交流与合作，扩大城市的规模，提升产业之间的竞争力。

统筹人与自然之间的关系。世界各国城镇化发展给我们的启示是城镇化发展要注重人与自然和谐相处。西方一些国家在城镇化的进程中产生了一系列的环境问题，如生态环境破坏、资源过度浪费、环境污染严重等，这警告我们在城镇化建设过程中要坚持绿色发展、可持续发展的理念，保证人与自然、经济、社会之间和谐发展，促进经济的健康发展，合理地配置资源，实现经济效益、社会效益和生态效益的最大化。新型城镇化要求城乡统筹、城乡一体、产业互动、节约集约、生态宜居、和谐发展，以此来实现我国城镇化的可持续发展，最大限度地完善城镇的集聚与扩散功能、生产服务功能、就业功能和创新功能等各种功能。

总的来说，我国新型城镇化建设是有规划的、开放的、集约的，更注重内涵的提升和经济社会的协调发展。从这层意义上来说，我国新型城镇化是一种向以人为本的城镇发展理念的跃迁。

第二节　我国产城融合发展模式

作为一种全新的概念和理论实践模式，产城融合模式的内在机理尚未明确。在了解清楚其机理模式的前提下再进行理论实践，才是有的放矢地发展产城融合的正确路径。单从空间发展上来说，产城融合类型可以分为 3 类：新城区的产城融合、老城区的产城融合和农村城镇的产城融合。不同的城区发展现状和区域特色决定着各自产城融合的模式类型、路径规律等。在具体的产城融合实践中，应该本着因地制宜的发展思路，分析它们各自的具体发展模式（图 3-1）。

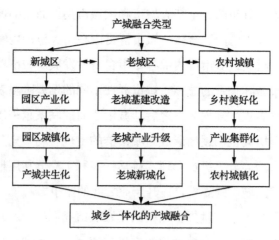

图 3-1　产城融合发展模式

一、产城融合发展模式的类型

（一）新城区产城融合的发展原则及发展模式

改革开放的基本国策制定后，为促进城市经济的发展，国务院和省、市人民政府开始规划建设经济开发区、保税区、高新技术产业园等，实行以政策优惠来引导并加快城市经济建设的举措。一时间，经济开发区几乎在每个城市都有。由于经济开发区的建设，陆续有大量的第二产业的企业迁入，随着园区内企业的激增，大量的企业员工每天从老城区赶到新城区上班，造成了城市中每天规律性的人流高峰。考虑到员工上班路上的时间成本，开发区开始考虑建设规划相关的生活区。但由于相关配套设施建设规划在园区建成之后没有落实，相对滞后性的弊端开始显现，产城融合的城市理念并没有体现在城市的发展规划中。

因此，在当前的产城融合理论中，我们希望将产业经济学、城市经济学和新空间经济学的理念融入其中，同时借鉴一些国内外产城融合发展较成功的案例、经验，为我国产城融合发展探索出一条成熟、清晰的路径。

1. 新城区产城融合的发展原则

1）坚持功能配套完善原则。从某种意义上来说，产业和城市的发展是一个相互促进的过程。新城区产业园在工业化的过程中本身就会刺激城市功能配套的产生；城市功能的完善反过来又会促进城区产业的发展。城区产业发展的过程也是城镇化的过程，产城融合就是要在根本上促进这种局面的发展。因此，坚持功能配套完善原则是产城融合发展的首要原则。另外，我国产城融合发展较好的城市也证实了这一点的重要性。路网、水电、信息网络等基本的工业配套和交通、住宅、教育、娱乐等的生活配套在促进产业发展和城市繁荣方面发挥了一定的作用。

2）坚持"人本主义"原则。在传统的城市发展理念中，总是将"物"置于比"人"更重要的发展地位，用更多政策和发展精力去强调物质的极大丰富和经济的充裕繁荣，忽略了"人"作为城市的主体在城市物质文明建设、精神文明建设中的主观能动性。而新的产城融合发展的理念就是要改变这种不合理的发展观念，把"人"的发展置于城市和产业发展的核心地位。在产业发展上，注重人才的培养和引进；在城市建设过程中，突出城市的人文性、宜居性、生态性，人与城市的互动，以及人与城市之间的和谐关系。以"人"为核心，推进城市产业化和城镇化的进程。

3）坚持科学规划原则。一个时代的思想、政策、潮流，总是影响甚至左右着城市的规划、建设方向。坚持科学规划原则，是突破时代局限和潮流限制的正确的产城融合发展观。我国产城分离最严重的时期是20世纪改革开放之后，各种新思潮涌入，科学技术深刻影响了城市的规划建设和产业的发展形式。各类企业在新老城区涌现，城市建设随着产业的布局不断规划与调整。出现了配套跟不上产业布局，老城边拆边建、新城荒芜一片的产城分离的乱象。由此可见，无论是老城区的改造，还是新城区的扩容，都需要在坚持科学的产城发展规划理念下进行。遵循产城发展的一般性规律原则，在整体规划统筹下进行产业发展与城市功能完善的协同性布局，以科学的规划引导产业和城镇化融合发展。

2. 新城区产城融合的发展模式

市场化资源配置具有滞后性、盲目性、自发性的特点，具体表现为城市和产业发展过程中城镇化滞后，产业缺乏相关城市配套服务体系，出现产业园区与生活城市相分离的现象。这就要求系统性地在宏观上对产城融合进行理论性指导，引导产城融合沿着园区产业化—园区城镇化—产城共生化—产城融合的一般化路径发展自己的特色化模式。

产城融合发展的一般规律：产业园初建时期人气稀薄，需要通过搭建相关配套来慢慢聚拢进驻企业和城市人口。随着进驻人口和企业的增多，园区逐渐实现城镇化过程，公共性服务逐渐带动生活化的市场需求，出现稳定的就业岗位和税收保障；园区产业开始出现整体上的协同性、规模化发展，产业格局日趋完善，生活配套等体现出城市的功能化性质；产业化和城镇化以协同共促的形式同步推进发展，产城融合初步显现。

（二）老城区产城融合的发展原则及发展模式

相较于新城区的产城融合，老城区体现出较高的普遍性。具体原因既包括产业围城而建的布局现象，又包括老城区诸多的政治、历史、地理原因。然而老城区下新产业的不断更新迭代，使得交通、用地、环境等诸多因素与老城区愈发地不和谐。诸多的历史性问题亟待解决，如重工业位于城市的上风口；部分地区用地紧张，人口密度过高；城区交通、市政设施建设落后，企业物流成本高，居民出行交通拥堵等。产城融合在老城区体现出与新城区较大的差异性，老城区的产城融合在原则和模式上与新城区也不尽相同。

1. 老城区产城融合的发展原则

1）重开发，更重保护。老城区作为城市历史文明发展的象征和产物，在开发重建的过程中更需要慎重甄别，做到既要更新维护城市的功能性服务，又要保护城市的文化、历史特色。坚持合理开发、积极保护的发展原则，让产业和城市文明特色协同发展。

2）商业用地做减法，环境建设做加法。对环境污染严重的化工类企业进行集体搬迁处理，对部分有污染性的企业进行改造，对老城区产业格局进行调整，优化至符合老城区环境的承载能力；对棚户区、城中村进行优先改造，提高城市居民的生活居住环境；对于一些规模较大的商业用地项目要慎重考虑并仔细审核，为城市留出足够的生态发展空间。协调好城市发展与生态建设的关系，提高城市的绿色发展、可持续发展能力；处理好长远利益与眼前利益的关系。

2. 老城区产城融合的发展模式

1）结合老城区产城融合中的问题和发展过程中应坚持的原则，集中对老城区的发展模式进行改造。之前发挥城市经济发展重要作用的污染类工业型企业，采取整体搬迁策略，对造成城市拥堵的地段进行转移或疏散，保证城市的基本功能性服务正常运转，城市环境绿色健康。

2）提升老城区产业和服务的现代化。老城区在代表城市历史文明的同时，其运作机制、产业模式和服务体系存在着过度老化的问题。为保证城市持续发展和具有生机活力，应对其产业体系和服务进行现代化改造。引进、完善先进的城市居民物业管理体系，提升城市居民生活的现代感和便利性；完成交通、行政、便民服务的信息化改造，让城市生活服务更加简单、便捷，提升城市的综合管理服务水平。在产业格局上，引进技术型、科技型企业及现代化的企业管理模式，促进传统企业的转型发展，优化市场创新、创业氛围，提高城市产业的生产力发展水平。

（三）农村城镇产城融合的发展原则及发展模式

我国由于大中型城市的城镇化发展较快，大量的人口迁入大中城市，造成资源紧张、就业竞争激烈等社会问题。同时小型城市和城镇由于人口的迁出，人才流失，城市发展动力不足，经济和产业发展长期处于滞后的状态。这种两极分化的状态客观上制约了产城融合的发展。因此，注重以县域为中心的农村城镇化和产业化的融合，对于加快我国农业现代化和地域经济的平衡发展具有重要意义。农村农业的发展必然伴随着农村城镇化的过程，及早地科学规划、探索农村城镇产城融合的发展路径，有利于合理处理农村产业与城镇的关系。

1. 农村城镇产城融合的发展原则

1）以城镇建设为中心的服务原则。不同于大中型城市拥有良好的产业化基础，县域城镇产业是我国经济发展的薄弱环节。因此，不同于大中城市优先侧重建立、改善公共服务配套的原则，农村城镇产城融合的发展首先要建立城镇化的产业集群，以产业聚集人口，巩固农村经济，从而促进第一产业的发展。与此同时，逐步推动城镇配套及城镇化进度，实现新农村、产业化、城镇化的协同互动式发展。

2）以新农村建设为要求的服务原则。农村城镇产业融合不同于大中型城市的另一点还在于，它的产城融合涉及第一产业的农业和农民，将会与我国的新农村建设服务息息相关。因此，农村城镇产业融合的重要任务之一就是建设美丽、富裕、文明、和谐的社会主义新农村。同时，农村的城镇化使得农民向市民转变，因此，在农村城镇化产城融合的过程中还要注意公共服务资源的统筹、优化，实现服务的最优化和资源的最大化利用。

3）着重推进农业现代化建设的原则。县域城镇作为城市和农村的中间结合部，是承载农村经济向城市经济过渡的，完成乡村第一产业向第二产业、第三产业发展、裂变的核心环节，因此，农村城镇产城融合要着重推进农业的现代化建设，沉淀、发展县域第二产业、第三产业，顺利完成农村经济与城市经济的过渡，以稳固的产业集群吸纳农村剩余劳动力，缓解大中型城市人口压力，推动农村、农业发展，实现"三农"现代化。

2. 农村城镇产城融合的发展模式

立足我国新农村建设、农业发展的政策及"三农"问题的实际情况，我国的农村产城融合与其他国家和地区相比,注定要走市场化与非市场化结合的发展路径。我国农村经济的发展,由于生产主体、生产资料和组织上的弱质性,第一产业具有天然的弱质性;加上城乡资源配置上的不均衡性,农村公共服务的配套资源也存在着劣势。要想实现农村产业与城镇的融合,就要实现城镇化过程中的农业户籍向非农户籍的转变,实现农村城镇资源的同步优化配置,实现农村剩余人口向城镇第二产业、第三产业转移,丰富农村单一的经济发展模式,实现农村、农民有产、有业,实现城镇产业繁荣、人口充裕。另外,农村地域上和经济上广阔的发展空间,使产城融合具有天然的优势。未被过度开发的农村和城镇地区在现代农业、新农村建设、产城融合等理念协同发展的前景统筹规划上有更好的发挥空间和操作性。农村为"人"的迁徙、"物"的发展提供了地域、空间和主体对象,为第一产业、第二产业、第三产业在县域城镇的耦合提供了发展契机。

二、产城融合发展提升城镇化质量的实现路径

(一)总路径:四化同步下走新型工业化和新型城镇化道路

为实现我国社会主义的现代化发展目标,充分的工业化和城镇化是我国经济发展的两大抓手。随着国民经济发展速度的放缓,工业粗放型的发展模式下造成环境的污染、资源的浪费。这种传统的工业化模式必然会被集约型、经济型、环境友好型的新型工业化路径所取代。同时,随着互联网和科学技术的不断进步,与信息化、现代农业相结合的新型城镇化路径成为农村经济发展的优选。因此,要实现乡村的振兴、城市的繁荣,就要走坚持以人为核心的新型城镇化道路与现代农业化、新型工业化相结合的产城融合的道路。在实践过程中,新城、老城和城镇的具体发展情况不一样,地域特点不一样,其融合的机理也各有差异。产城融合的总路径与分路径的具体模式如图3-2所示。

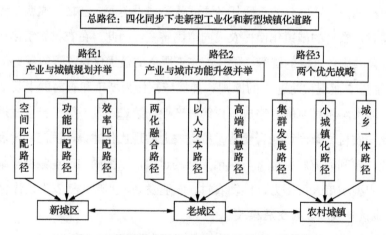

图3-2　产城融合的总路径与分路径的具体模式

（二）分路径

1. 新城区：产业与城镇规划互相匹配

1）空间上的融合匹配。为了研究产城分离的城市发展状况，作者对一部分新城区进行了调研分析，发现产城分离状况的原因不单单是市场因素，相反很大一部分是人为因素。由此可以看出，在进行产城融合实践时，市场发展的决定因素固然重要，但是科学合理的发展规划是避免人为因素干扰，促使产城分离的重要手段。产城融合最首要的体现是空间上的融合，但这并不意味着工业区和居民区零距离的"依偎"。产业和城市功能的空间融合是科学意义上的城市产业区和居民区因生产关系相互依存发展，又保持合理、安全的地域距离的融合。因此，产业区和城市居住区的空间距离规划就显得尤为重要。目前的产城融合的空间距离规划大致分为两种：一种是由市场经济自发调节形成的，另一种是由城市的发展决策者规划形成的。当前两种规划形式各有利弊。前者会因为市场经济的失灵在对城市空间规划上产生价值偏差；后者会因为人为的干预因素，在科学性上存在一定的失误。城市规模与其空间布局的经验显示：地租与城市产业的分布呈反向相关的关系；而居民消费与之相反。为了追逐资本利益的最大化，企业一般会根据企业的技术密集度所能获得的最大收益与城市地租之间的差值选择区位。由此形成的规律就是：越靠近城市的中心位置，地租越贵，企业的技术密集度越高；越靠近城市的边缘地带，地租呈下降趋势，企业的技术密集度转为劳动密集度，劳动者的收入因技术密集度的降低而降低，通勤升高，消费者效益降低。要合理进行产城融合空间布局，就需要在既遵循市场规律又充分分析并利用科学论证的基础上进行。

2）功能上的协调匹配。所谓功能匹配是指产业的经济功能与城镇的服务功能之间的匹配。产业的经济功能具体是指产业在城镇化发展的过程中，为城市的发展提供经济支撑的作用。而城镇的服务功能具体是指城市在一个国家或地区所承担的满足人类（包括当代和后代）自身生存和发展需要而在生产与生活型服务提供方面所承担的任务和所起的作用，以及由于这种作用的发挥而产生的效能。从这层意义上讲，产业不提供经济学概念下的产品及服务；城镇不提供经济学上拉动城市经济发展内需的服务。这就需要我们分析清楚两者的具体匹配路径。我们从两个方面对其进行路径分析。一方面，城镇化发展需要产业为其提供经济基础，即为城镇化进程提供相关的就业岗位、税收来源，以及投放公共服务设施的财政资金等；另一方面，产业的发展离不开城镇化为其提供的道路交通、水电、信息网络、污染处理等基础性产业发展的保障体系中对"物"的服务，以及生活、生产舒适便捷性的环保、安全的"人"的服务。因此，产城融合在功能上的融合是指产业的经济功能和城市的服务功能相互支撑、共同促进城市发展的相互协作式的融合。在实践发展路径的同时，还要清楚融合发展过程中的不足和过盛。城市服务功能的不足会导致产城分离，而城市服务功能的过程会造成城市运营成本的提高和资源的浪费。只有实时地进行调整，才能避免由人为失误和市场失灵造成的不合理状况。

2. 老城区：产业升级与城市功能升级并举的实践路径

1）走信息化和新型工业化融合的新型产城发展道路。老城区历史久远，主要以传统工业聚集为主，所以其企业生产设备陈旧，没有先进的技术，而且竞争力不足，企业缺乏活力，还会带来环境污染等问题。因此，要想解决以上问题，必须对老城区进行一定的改造，使其跟上时代的脚步。在这种局势下，只有走信息化与新型工业化相融合的发展道路才是老城区工业发展的最佳选择。以信息化的先进技术改造传统工业的生产方法，提升老城区的生产效率，促进老城区的产业升级，推动老城区发展进步。

2）走以人为本的产城融合发展道路。美国纽约曼哈顿区和苏州工业园是产城融合成功的典范，它们的成功经验都表明成熟的产业发展园区一定是以人为本的城市社区。我国要大力发展产城融合就必须改造老城区，我国的老城区人口密度较大，发展条件较差，其基础设施与公共服务也逐步退化。因此，要大力改造老城区，让其尽快适应新型城镇化的发展，走新型工业化道路，使人们感受到产城融合带来的好处。我国新型城镇化日益发展，老城区也得到改善，生活环境越来越好，这有利于提升居民的生活水平，也为实现人与城市、城市与产业、产业与人和谐发展，为产城融合走向产城共兴提供了有利条件。

3）走智慧高端的产城融合发展道路。近年来，我国加快建设智慧城市，这为改善老城区提供了极大的帮助。智慧城市与传统城市的发展模式有很大的不同，智慧城市的实质是利用先进的信息技术，实现城市智慧式管理和运行，进而为城市中的人创造更美好的生活，促进城市的和谐、可持续发展；而传统城市缺乏先进的技术手段，生产效率较为低下，还产生许多环境问题。学界对智慧型城市的定义各有侧重，有的学者侧重于信息技术在城市发展中的运用，有的学者侧重于城市网络建设的先进性，有的学者强调智慧城市中人的参与度，但是本书认为智慧城市最重要的功能就是使组织（人或企业）、业务或政务、交通、通信、水和能源 6 个核心系统形成既高效又高端并协作运行的城市系统，更加强调智慧城市的系统性和宏观性。因此，老城区的改造与升级要以智慧城市作为发展目标，按照智慧城市的统一规划，为产城融合发展开辟新的道路。

3. 农村城镇：实施一镇一产业集群与小城镇化发展战略的实践路径

1）走产业集群优先发展的产城融合道路。农村城镇产城融合发展有两大不足：一是农村城镇没有较好的城市基础设施与相对完善的公共服务体系，产城融合没有较好的地理空间；二是小城镇发展速度慢、效率低，缺乏产城融合的经济基础。显然，缺乏这两个方面的条件，实现农村城镇的产业融合难度极大，必须要求产业发展和城镇化并驾而驱。因此，农村城镇必须依据自身的特点，选择适合自身发展的产业，并努力形成产业聚集效益，创造产业发展群，获取一定的经济优势及坚实的经济基础。同时，产业的发展促使城市的兴起，城市规模的扩张也使得产业规模扩大。但是这并不适用于农村城镇的发展，农村城镇适合的优先发展战略是实施一镇一产业集群，其后才是城镇化建设的跟进。

2）走小城镇优先发展战略的产城融合道路。优先发展小城镇，完善城市基础服务设施建设，吸引附近农民就业，为小城镇产业发展提供合格的产业工人，让他们能够在环境优美、生活便利的小城镇舒适生活，从而实现产城融合协调发展。现今，我国城镇化发展呈现出不协调、不均衡的特点，大中城市资源丰富，小城镇的城镇化水平远不及大中城市，加快发展小城镇，不仅仅是为了缩小城镇化之间差距大的问题，更是为了实现城市与农村之间的产城融合。小城镇在区域空间和基础设施建设上的落后严重制约了产城融合的进程，为避免城乡出现严重的两极分化，必须实行小城镇优先发展战略，加快小城镇的发展步伐。

3）走城乡一体化发展的产城融合道路。城镇化与城乡一体化在本质上有一定的差别，城镇化是农村人口转移为城市人口，而城乡一体化更加注重城乡居民的生产、生活方式和居住方式变迁的过程，强调的是城乡在文化、经济、政治、生态上的融合，是一种质量的提升，以此来缩小城乡之间的差距，实现一体化。走城乡一体化发展的产城融合道路，有利于解决农村城镇产城融合的问题，有利于打破城市与农村产城融合的隔阂和壁垒，有利于城乡之间的资源共享、经验交流。因此，我们要优先发展农村产业集群和小城镇，为城乡产业融合做好准备；其次要注重发展中的协调与均衡问题，在产城融合中努力实现城乡一体化的发展目标。

第三节　我国产城融合发展实践

产城融合是产城一体化的重要方向，我国具有代表性的产城融合发展的城市有很多，县级、市级及众多新城、经济开发区、工业园区都有其独特的发展方式，值得我们深入研究和探讨。

一、县级产城融合发展的代表

县级产城融合发展的成功可以有效地推动城乡区域的经济发展，从而进一步促进城乡共同发展。

（一）固安的产城融合探索

河北省廊坊市位于北京和天津两个特大城市之间。然而，廊坊市的固安县具有更突出的地理优势，它处于北京、天津、保定的中心位置。固安县是离北京最近的县城。在古代，它被称为"天子脚下、京南第一城"，现在以"天安门正南50公里"而闻名。随着首都新机场的修建，大兴区、廊坊市、固安县、永庆县已成为首都经济圈南部的核心区域。

虽然拥有得天独厚的地理位置，但是固安县前期的发展并不是很顺利。2002年以前固安县只有不到35亿元的生产总值和不到1亿元的年财政收入，在廊坊市的发展程度排行上位于倒数第二名。使固安县驶入真正发展轨道的是2002年6月开始兴建的固安工业园。固安县政府得到了廊坊市委、市政府的鼎力支持，把本地企业华夏幸福基业股份有限公司引入工业园，将其作为工业园的主体企业进行投资开发建设。为促发展、保合作，政企间的责任与界限被明确，企业的主要责任就是全面负责开发建设工业园。

在国内及国际一流战略开发和规划设计公司协作下，华夏幸福基业股份有限公司整体规划固安县的生态环境、城市功能及区域产业。固安县通过开发新兴产业，并采取措施使传统产业资本的技术含量、效率及附加值得到提升，用电子信息、新能源、汽车零部件、现代制造业替换渔具、滤芯、塑料套管等传统产业，升级了地方产业。另外，固安县积极引进液晶面板龙头企业京东方、物联网企业东方信联、国内大型的车轮制造企业正兴车轮和参与"神八"与"天宫"系列航天器零件研制生产的航天振邦等顶端企业入驻规划产业内，还大力建设配套基础设施，全面提升城市功能和产业承载能力。并且在规划范围内实现了"十通一平"：完成了全长125千米、97条（段）道路建设，完成了4座供水站、3座热力站、4座变电站，以及供热、供气、供电、通信管网、污水管网等相关配套设施建设；同时新建了影剧院、酒店、创业大厦、学校及商业综合体等180多个重点项目，改善城市功能，承载能力显著增强。

产城融合使固安的经济得到了飞速的发展，完成了大概30倍的经济总量的增长。固安县在2013年12月底之前，实现了超过100亿元的生产总值、近30亿元的财政收入。固安县不仅成为廊坊市的重点区域，其主要经济指标的增幅也位于河北省的前列。

由此可见，固安模式的成功之处在于坚持产城融合的理念，通过引入华夏幸福基业这样的市场力量，实现产城融合。固安模式是工业化、信息化、城镇化和农村现代化发展之路的成功范例。在固安县工业园区产城融合的过程中有以下3个方面较突出。

1. 基于产业的培育和聚集

固安县的产城融合做得很好，很多企业被引进了城市中，这是固安县崛起的有利条

110

件。产业成功的培育，一方面增加了就业机会，另一方面使财政收入有所增加，地方政府能够以充足的资金更好地开展基础设施支持工作，提供更好的公共服务，有利于引进更多的人才，使得企业行业之间形成产城的良性循环。产业园成立以来，不仅提供了数万个临时岗位，而且吸引了几百家投资企业。假若在建的这些企业全部投产，将创造超过 10 万个就业岗位。

2. "以人为本" 的可持续发展

在产城融合实践中，固安县不仅注重产业的选择与升级，更注重 "以人为本" 的可持续发展，即以交通环境的改善为先导，以产城融合的理念建设配套基础设施，实现生态环境的可持续改善。固安县计划总投资 20 亿元的省级城市干道，全长 31.84 千米，宽 100 米，省干道穿过城市，整个城市形成了 "五横八纵" 的交通系统。固安工业园区的城市生产集成概念，按照 "城市公园，休闲街区，孩子第一，产业集群" 的规划理念，打造独具前瞻性、创新性的 "未来城" 测试区域，使城市行政办公、商业金融、会展、文化娱乐、贸易物流、大型公园等城市功能相继完善。固安工业新城建设完成 14 万平方米的中央公园、200 万平方米的城市环线绿廊、13 万平方米的孔雀湖、50 万平方米的大型带状公园、100 万平方米的永定河体育公园等，形成一个 "一核一环两廊多片" 的城市景观体系，园区绿化面积达 500 万平方米，实现生态环境的持续改善，助力产城融合可持续发展。

3. 政府与企业的合作

华夏幸福基业股份有限公司以 PPP 模式[①] 来促进固安县工业新城的发展，运用 "政府领导、企业运作" 的市场管理方法，用 "合同" 代替所谓的 "身份" 来稳固双方的企业精神，建立同甘共苦的机制，明确政企责任、界限及利益，保证了政策的连续性和稳定性，依靠合理竞争和价格规律，发挥市场作为促进经济最有效率和最优化的功能来配置资源。固安模式在十几年的磨砺中也在不断被优化。自初期的固安工业园开始，到现在的固安产业新城，再到未来的固安创新城市，固安县的每一个发展方向，都起源于以 PPP 为核心的机制模式驱动，产业不断发展，城市不断升级。目前，固安县正沿着 "全球技术、华夏加速、中国创造" 的道路，努力进入全球技术商业化中心。

固安县政府与华夏幸福公司一同打造的 PPP 模式于 2015 年 7 月 20 日受到了国务院办公厅创新公告的表彰，国家发展和改革委员会将这个典型的创造性范例命名为 PPP 示范项目。2016 年 10 月，财政部联合教育部、科学技术部及其他部委共同发布第三批 PPP 示范

---

① PPP（public-private-partnership，政府和社会资本合作）模式是一种融资和项目管理模式，是指政府与私人组织之间，为了提供某种公共物品和服务，以特许权协议为基础，彼此之间形成一种伙伴式的合作关系，并通过签署合同来明确双方的权利和义务，以确保合作的顺利完成，最终使合作各方达到比预期单独行动更为有利的结果。

项目，华夏幸福旗下的"河北省廊坊市固安县固安高新区综合开发 PPP 项目"和"南京市溧水区产业新城 PPP 项目"均入选其中。

（二）长沙县的"三个三分之一"战略

长沙县地处湖南省会近郊，从东、南、北三面环绕省会长沙市。县域总面积为 1756 平方千米，截至 2018 年年底，长沙县常住人口为 108.9 万，户籍人口为 80.6 万，辖 18 个镇（街）。长沙县于 2011 年 11 月 16 日在北京举行的第五届中国城市化国际峰会上荣获"中国城市化产城融合典范案例"称号。

改革开放的第一个 30 年里，长沙县创办工业园区，将星沙这块昔日荒凉的丘岗山地，建设成湖南省重要的工业增长极。目前，园区产业基地规划总面积达 15.12 平方千米，并已成功入驻企业 24 家，其中上市公司 4 家、世界 500 强 1 家，总投资近 100 亿元，预计全部投产后年总产值约 200 亿元。进入改革开放第二个 30 年，如何推进产城关系的重大抉择摆在星沙新城的面前。长沙县自松雅湖退田还湖，开始向星沙新城产城融合方向迈进，以城市经济代替园区经济，将自身定位于"三湘门户之城、山水宜居之城、活力创新之城、善待乡村之城"，为产城融合指明了道路，即通过以产兴城、以城育产、社会建设，从而实现产城融合。为打造现代高端服务业的核心聚集区，星沙新城在松雅湖发展建设上将总计投资 40 亿元。星沙新城通过实施产城融合，提出了"三个三分之一"的均衡开发理念，即三分之一发展工业，三分之一发展基础设施和商贸住宅，三分之一发展生产性服务业，用现代理念和国际化视野，一次性建成产城融合体，使城市、产业、市民三大要素充分高效互动，将星沙新城建成理想城市。

按照"产城融合"战略，长沙县遵循"人本、低碳、宜居、创业"的理念，邀请国际规划大师编制了产业基地概念性规划。根据规划，星沙产业基地在建设中将最大限度地考虑农田和农民的保护，尽可能保全自然地貌并保证产业发展和基础建设的用地结构。在星沙产业基地开发建设过程中，按照"三个三分之一"原则，在大力引进优质工业项目的同时，将学校、医院、银行、商场等配套服务设施作为招商引资的重点，积极引进了"幸福家园"廉租房、湖南省工业技师学院、长沙县职业中等专业学校实训基地等项目，这些项目将有效增强产业基地的生活配套能力。同时，长沙县在工业园区内积极植入城市功能和公共服务，使城市品质得到有效提升，有力支撑了工业园区的发展，项目建设顺利进行，使县域经济走上高速和谐发展之路。长沙县多次获评"中国十佳两型城市""中国最具幸福感城市"等称号。

长沙县规划建设了"14+2"城乡一体化试点镇村，在这期间，成功打造了 2 个城乡融合样板镇，初步建成了 6 个颇具特色的功能型品牌镇，基本建成 30 个"美丽乡村"示范村和30个农民集中居住示范点，施行"四水联网"、"五网下乡"、村镇银行全覆盖等举措，顺利打造出2个"美丽乡村"旅游示范片区，它们分别以南部浏阳河沿岸产业风光带为纽带，以北部金开线为主轴；加快建设8个现代农业特色产业园和100个现代农庄，辐射带动100个示范性农民专业合作经济组织和1000个具有一定规模的标准化家庭农场。浔龙河生态艺术小镇定位于建设"城镇化的乡村、乡村式的城镇"，其目的是"打造城乡融合发展最新模式、典型样板"，努力建设城乡文明相结合、宜居宜业、宜游宜商的田园生活小镇，由企业投资、政府主导，同时重视当地人民的愿望，建设成环境优美、生活便捷的小镇。在产业结构上，以农业产业为根本，有机融合了第一产业、第二产业和第三产业，从全局出发构建综合产业体系，集现代农业、文化教育、生态宜居、休闲旅游于一身，创新了新农村建设模式，以让本地城乡一体化成为全国典型范例为目标，努力奋勇向前，为城乡融合建设积累了宝贵经验。

长沙县统筹擘画了全区域的功能和规划，使得先进制造区、黄兴会展经济区、现代农业区、临空经济区、松雅湖商务区五大功能区布局错落有致，从而相互配合、和谐发展。此外，为了使区县经济协调发展，长沙县创造性地采用了"1+7"的托管模式。

长沙县在产城融合过程中，不再只关注工业化发展的模式，实现了生产和生活的有机结合，探索出工业空间和城市空间结构优化的道路，为我国中小城市城镇化发展提供了有益的参考。通过采取资本向农村、产业集中化发展，土地流转，农民集中化生活环境集中管理，公共服务重点推进等措施，共同促进城乡发展。

二、市级产城融合发展的代表

（一）佛山市的产城人融合发展理念

2010年以来，佛山市委市政府为改正和克服之前发展模式的弊病，树立了"产城人融合"发展理念，提出以人为本、科学发展的新战略。佛山市积极探索"产城人融合"发展的新模式，城市形态从以专业镇为主要特征向现代大城市形态转型升级。

佛山市一直秉持产城融合的理念，在城市定位上突出产业地位，产业结构由轻工、重工向服务型升级；体现人文关怀，打造人文品牌，将文化文明渗透于城市定位中；重视科技创新和生态文明建设，进行科学的定位，"十二五"之后成就更加显著。建设创新型城市的核心是"民富市强，幸福佛山"，其发展理念是"四化融合，智慧佛山"，突出改革创新、通盘筹划、兼顾各方和科技进步，加快建设现代制造基地、产业服务中心、岭南文化名城、美丽幸福家园，把佛山建设成一座充满活力、和谐健康的全国文明城市。概而论之，佛山产城人融合的进程在很大程度上寓于佛山城市定位演进过程中。作为融合理念类的多线融合城市定位的演进，产城人融合的科学进程突显。佛山市施行的产城人融合模式的典型分类如表 3-1 所示。

表 3-1　佛山市施行的产城人融合模式的典型分类

类别		老区转型类	新城开发类	新兴产业基地类	现代服务业集聚类
划分维度	动力维度	被动型	主动型	主动型	主动型
	功能维度	共生型	伴生型	共生型与伴生型配合	伴生型
	地位维度	均衡型	城市功能与服务业均衡	产业主导型	高端服务产业主导
	生态维度	人工景观	自然山水与人工景观整合	人工湖生态增长极	人工湖生态增长极
典型代表		岭南天地	佛山新城	狮山园镇融合	千灯湖金融高新区

近年来，佛山市南海区狮山镇以"以优秀城市环境吸引高端项目，以高端项目吸引高端人才，并以高端项目和高端人才，推动城市品质的提升"为思路，全方位加速集群化、国际化、城镇化进程，努力找到一条"中国制造"崛起的新道路，打造出"产业成功转型升级、城市品质不断提升、人才集聚效应明显"的"狮山样本"，形成产城人深度融合发展的模范区。其主要有以下几点成功经验。

1. 产城人融合发展的基础

自 2003 年起，狮山镇就以高水准规划地区的发展，持续完善基础设施和配套设施，使入驻狮山的很多企业享受到高品质的成长环境；规划出清晰合理的功能区域，同时集聚工业和服务产业，认真对待人才培养、服务机构、孵化机构等发展因素，实现产城人协同共进、相辅相成、良性互动发展。狮山镇在承袭南海产业科技园的主体规划基础上，持续丰富自身内涵和提升自身品质。

2. 产城人融合发展的保障

产城人融合发展的可靠保证是服务型政府的建立。狮山镇在 2011 年为强化新式管理，营建服务的核心价值，探索建设新的系统性、综合性企业服务信息平台，加快建设步伐。狮山镇在 2012 年正式建立狮山新型产业社区服务中心，由服务专员根据流程化的跟踪服务计划为企业提供主动上门服务、重难点问题跟踪服务，并将其制度化。为精准服务于企业，社区服务中心将企业分为"上市后备企业""雄鹰企业""选种育苗行动计划重点扶持企业""小微企业"等层次，根据它们的不同情况提供相匹配的服务。为精简企业办事程序、减轻负担，狮山镇政府于 2012 年 8 月向狮山总商会转移 28 项政府职能，并于 2013 年承接了 54 项市级行政审批权。企业只需要向狮山行政服务中心申请，并由相关部门受理和审批，即可办理这些市级行政审批事务，实现了市、区、镇"三级审批，一站办结"。

3. 产城人融合发展的基石

优质企业的入驻和高端人才的到来需要有完善的城市资源环境与之相配，如和谐的生态环境、浓厚的文化氛围、良好的公共服务等要素。狮山镇自 2009 年始，开启清水绿岸工程，实施"活化水资源"战略，3 年建设了 5 家污水处理厂，服务管网超 100 千米；建成了 2 个新灌溉泵站、5 个灌溉泵站，使水资源得到活化，改善了水质，安放的 26 个拦污设施使污染源头的盲点得到有效整治。除此之外，河涌养护和保洁制度的全面建立，明显改善了河涌水质。通过整治，狮山镇基本建设成"暴雨不涝、水清岸绿"的生态环境。狮山镇在城市建设中糅合了文化元素，努力建设公共文化设施，如中央公园、青少年文化宫、体育馆、演艺中心等。此外，为增强居民归属感与凝聚力，狮山镇也在积极塑造城市的人文精神。例如，狮山镇在 2011 年开始建设"树本"工程，刊行《狮山树本周报》，宣扬树本文化，传扬"仁爱、奉献、承担、互助、共享"的树本精神，打造出树本狮山、孝德罗村、官窑生菜会、乐安花灯等文化品牌。

4. 产城人融合发展的关键

产城人融合发展的关键因素在于人才，这也是最有活力的因素。狮山镇为吸引人才设置了很多便利设施，同时通过不断创新，完善了人才发展平台和人才引用机制。狮山镇于 2012 年发布《狮山镇创新企业服务行动计划》，加快建设了居住、商业、休闲娱乐等服务及设施以解决高层次人才和产业工人的发展、交际往来、休闲娱乐等多领域的需要。此外，狮山镇集聚社会能量，营造健康、安全、美好的社区环境，将运营模式加以创新，建立服务于高层次人才和产业工人的体系。狮山镇为解决产业人才落户等问题，还将建设一批包括产业智库一期工程、人才公寓、一汽大众专家楼等配套设施，以帮助企业发展。

（二）苏州的边缘型产城模式

苏州作为边缘型产城融合模式的代表，其特点为：① 移植新加坡"邻里中心"模式。城市功能上体现以人为本的规划理念，以产业园区为核心，逐步拓展和完善城市功能，采用平衡工业用地和综合用地、平衡生活居住和生产就业、平衡商业设施和休闲设施等手段，满足居民最短出行距离要求。② 同步建设产业新城和生活新城。在建设之初，苏州工业园区就重视产业区、生活区和商业区的配套设施，实行同步建设产业新城和生活新城的举措。在金鸡湖周边，园区的核心地区，林立着高档社区和餐馆、酒店、娱乐休闲场所。③ 注重打造人文氛围。苏州工业园引进企业的同时，也引进高校，极大地活跃了当地的人文氛围。在园区内的独墅湖科教创新区里，湿地公园景色优美，各学校文体设施共享使用。④ 注重环保工作和发展环保产业同步进行，互为支持，这成为苏州工业园区建设的一大特色。

三、新城、经济开发区、工业园区产城融合发展的代表

我国众多新城、经济开发区及工业园区现阶段处于飞速发展的时期，产城融合也是其发展的重点。下面重点对几个具代表性的地区进行分析。

（一）北京未来科技城的产城人融合发展

北京未来科技城正围绕"产城融合示范区"的目标，按照其未来发展理念，打造一个全新的、人与城市和产业能够全面发展的科技城。要实现这一伟大目标，就要明确人才、产业、城市之间的关系，它们作为城市发展的不同要素，既相互联系又相互制约，如果其中某一个环节出现问题，那么其他两个要素也无法发展和进步。下面从 5 个方面总结出北京未来科技城在产城人融合发展中的经验。

1. 坚持工业城市平衡，高起点规划城市空间

与其他新区"行业领先"的理念不同，北京未来科技城以"城市与工业平衡、融合、共享发展"作为城市规划理念，并融入人文、科技、绿色元素。在城市空间规划上，北京未来科技城注重功能的全面性，把科技工作区域与绿地生态区域进行合理划分；并结合居住区域的舒适性，合理打造生态区和公共服务区，形成区域间层次分明、区域利用率高的高水平新区，构建一体化的未来科技城。

2. 以科学技术为中心不动摇，以高标准为要求建设基础设施

要建设一个具有高标准的工业园区，基础设施建设是构成高标准的重要组成部分。因此，对未来科技城的建设，政府不仅在资金上大力支持，投资总额高达 117 亿元，还尽全力打造具有一流水平的科研环境。例如，为了应对工作和生活中必备的水电、通信等的供应，建造了长达 3.9 千米的地下综合管廊，因而能够对水电、通信等实现有效集聚和智能控制；垃圾处理方面，共同启动 5 套垃圾气力输送系统，全自动收、运生活、办公垃圾；对水资源的节约利用方面，打造了多种具有针对性的循环系统，如雨水利用系统、生活用水循环系统等，这对建设节水型城市来说是十分重要的；能源的开发利用方面，以热电联产为媒介，把水（地）源热泵、地热能及太阳能等可再生资源作为大力推广的主要能源，并实现清洁能源的 100% 利用。此外，充分利用天然资源。例如，针对温榆河资源，可以截取其一小部分来打造公园区域，如建造面积为 3.14 平方千米的滨水区，并以它为中心构建绿色空间体系，营造美丽宜人的城市空间环境。

3. 以人为本为中心不动摇，全面打造生活所需的配套设施

北京未来科技城的建设原则就是"坚持以人为本，集约节约利用土地"，将人的生活和工作环境放在首位，从而吸引高端人才。在南部、北部和西部的配套设施计划中，重点

规划建设约 300 万平方米的公共服务设施。高质量的办公大楼、高端酒店为精品企业创造了便捷、全面的商务沟通环境。在居住环境和条件上，按不同人群的需求打造符合其居住的场所，如建设人才公房、专家公寓等，当然自建商品房也不可或缺。针对不同需求的人员建设不同级别水平的教育、医疗机构；建设学习、文化、健身等业余场所，营造丰富多彩的文化生活。努力打造环境优美、设施齐全、功能齐全的未来科技城市，以满足人们生活、学习、休闲、购物、娱乐、社交等生活需求。

4. 坚持打造硬实力城区，吸引高素质科研人才

人才是城市进步和产业发展的根本动因，因此，城市建设应站在未来发展的高度，建立健全吸引人才的有利机制，为顶尖人才提供精神上、物质上、工作上实实在在的奖励与激励。北京未来科技城正在努力构建为具有高水平的研究院和研究中心的示范区域，同时它也为从事科研和技术工作的高级人才提供了更高水平的工作平台和环境。更重要的是，立足示范区的长远发展，政策支持也是相当重要的，国家在人才的引进和居留方面给予了极大的优惠和经济上的支持。

5. 坚持以高端发展为目标，抓好产业布局的科学性

北京未来科技城一期项目已经引进 15 家中央企业入驻，它们的核心研究任务既是相互关联也是自成体系的，研究与成果转化相对比较完善，是战略性新兴产业中的重要产业。总的来讲，可以将它们的产业发展划分成 3 种类型：第一种类型是专注于绿色能源和新材料的开发与应用的企业，如神华集团、中国华能、中国铝业等；第二种类型是专注于"营养健康"研发的企业，如中粮集团；第三种类型是以电子和电信等新一代信息技术为主的研发企业，如中国电子等。通过产业的合理布局，为产业链上游及下游的众多企业服务，创建公共服务区域内的标杆企业和高端工业区建设。

（二）杭州经济技术开发区的产城融合发展

面对国家发展、城市进步的新需求，作为城市科学前沿的开发区也必须进入产业转型的格局之中。例如，处于关键时期的杭州经济技术开发区已从原始的工业园区向具有综合资源、完善的配套设施、良好的生态环境的新城区转变，不可否认的是在转变、转型的过程中必然会遇见新的问题和更大的挑战。

但转型是必须走的路，杭州经济技术开发区以正面积极的态度应对困难和问题，准确把握产业发展、城市建设、人口集聚之间的关系，坚定不移地走产城融合发展道路，在全面实施"创新驱动、集聚领先、产城融合"这一战略的同时，共同推进"大引擎驱动、大产业培育、大平台构筑、大环境优化"的工程实施，持续增强开发区转型的动力，向建设全面协调发展、设施齐全、产业布局合理的新城区转变，促进产城

融合发展。杭州经济技术开发区的产城融合发展主要包括以下几个方面。

1．创新驱动力

创新是企业不断进步和向前发展的不竭动力，针对开发区的转型升级，杭州经济技术开发区立足"东部人才港"和"东部科技港"的深入发展建设，为构建新型开发区、创建产城结合示范区提供新动力。提升区域创新驱动力，杭州经济技术开发区从以下几点入手。

1）积极转化、创建新平台。一方面，全面推进多个园区的平台建设，满足创新科研产业的发展需求；另一方面，有效利用闲置的厂房和土地，提高资源利用率，着力打造产业一体化的创新型平台。

2）重点把握对创新型要素的引进。创新型要素主要包括高水平人才、高水平项目、高水平产业等，尤其以人才为重中之重，引进高水平人才，为产业发展提供保障。

3）保证企业拥有持续的创新活力。为此，企业不仅要自行创立相应的奖励、激励制度，还应该组织研发团队及给予相关的投入，对提高企业创新活力给予保障。

2．综合竞争力

提高城市的综合竞争力，首先要有完整的产业体系支撑，这需要从以下几个方面重点把握。

1）产业结构要布局合理。在大力推动"572"培育计划的同时，杭州经济技术开发区支持产业发展的"一条龙"创新模式，即产品、品牌、组织、商业贯穿全部的发展模式，这有助于提升产业的综合竞争力。

2）产业发展后期要有足够的动力。在保持主导产业稳步向前发展的同时，杭州经济技术开发区加强对龙头项目及产业链完整项目的引进，构建重大工程产业集群，完善现代产业发展体系。

3）产业空间的拓展要适时进行。在统筹城区建设、产业发展的总体规划目标上，杭州经济技术开发区对功能区的建设进行深度研究，将重点工作放在最前面，进一步快速实现产业高效保质发展。

3．城市承载力

要提高城市的承载力，就要抓好项目建设，项目建设是完善城市功能的开端，是提高城市承载力的基石。杭州经济技术开发区在抓好项目建设的过程中注意到了以下几点。

1）注重交通系统的建设。城市建设要保证交通通畅，保证出行便利。为此，交通设施建设是重要的方面，各种交通工具要运行有效，交通网络要遍及各个地铁、企业、商业中心、居民住宅等人群密集的场所，打造绿色的出行环境。

2）将改善民生提上日程，紧抓不放。改善民生要从实际情况入手，以实际行动考察民情。政府在开展民生保障和改善工作的同时，还要注重提高服务水平。

3）现代服务业建设要全面，重视其对产业发展的协助效应。现代服务业是副城建设、产业协调发展的重要组成部分，因此要明确其发展重点。对现代服务业发展要有相应的激励政策，对生产性和生活性的服务业要有严格的要求，注重服务质量和水平的提高，协调服务业整体、全面健康发展。

4．环境保障力

城市生态建设是当今城市发展大力提倡的举措，对此，杭州经济技术开发区实施建设"美丽东部湾"工程，在提高生态文明建设的同时，对城市生态环境也是一种保障。具体措施如下。

1）城市空间规划要布局合理。城市是人的城市，没有人这一要素，城市也不复存在。因此，对城市空间的规划，要以人为基本前提。在响应生态文明建设的同时，对城市和景观进行设计，打造科学的、具有一定功能性的新城区。

2）提倡节能减排，净化城市环境。节能减排一直是我国城市环境建设的重要内容，因此，对企业也有极其严格的规定，对企业的新设备、新技术也有更高的要求。

3）环境治理是最终保障手段。环境治理主要针对的是向河道排放不达标的污染物、气体排放、违法圈建等问题，为此相关管理部门应发挥自己的职能，企业要自觉履行自己的社会责任，为创建新的产城示范区提供保障，为"五化水平"的城市建设提供环境基础。

（三）上海张江高科技园区的产城融合发展

张江高科技园区作为上海最大的科技产业园，在转型升级以后，不仅有详细的产业区域划分，而且功能板块齐全，产业设置合理，主体功能配置全面。张江高科技园区为了跟上城市发展的步伐和实现人才的引进与居留，着力打造与产业相协调、相补充的配套设施及住宅建设，并对绿色生态环境的建设重点打造，对城市功能进行了二次提升，加快了产城融合发展的步伐。具体措施：第一，合理开发商业中心和便于生活休闲的社区公共设施建设。首先打造生活、工作所需的服务职能产业，如酒店及金融、信息等服务业；其次沿川杨河道建设具有创意性的文化、娱乐项目，不仅景色宜人，人身安全也有保障。第二，住宅设计符合未来居民的居住要求，类型丰富，如打造商住一体的宅基地、人才公寓、企业员工集体宿舍等。第三，绿色生态区建设选址适中，以水资源丰富的滨水岸线、诺贝尔湖绿地为主要区域，不仅能陶冶人的情操，也有助于提升园区的品质。

第四节　我国产城融合发展问题

我国有些地区已形成产城融合发展初步形态，不过从总体上看，我国产城融合发展过程中还存在诸多不足，需要我们高度重视。

一、产业区与城区过度分离

（一）产业区与城区过度分离的情况

产业区与城区过度分离主要分为两种情况：一是区域工业化快于城镇化，二是区域城镇化快于工业化。产城融合缺乏相应的动力机制及保障措施。

就部分区域工业化快于城镇化这种情况来说，开发区和多数城镇发展是产业先行，但是产业规模、效益依然有待提升，加之劳动生产率的提高，产业发展创造就业、吸引人口、增加财富的效应有待增强。同时，公共服务配套能力不强。新城、园区生产生活服务配套能力有限，生活、公共服务便利化程度不高，而且有些开发区及周边城镇建设出现脱节，还有的开发区仍然在维持工业区模式，缺乏基本的居住、服务配套。这些问题对于产城融合的影响还是比较大的。

就部分区域城镇化快于工业化这种情况来说，中心城区部分区域、部分新城新区城市开发建设力度比较大，居住空间也大，然而缺乏产业及人口支撑。尤其是近些年来，以外来人口增长为主的态势有所减缓，人口增幅下降，高素质劳动人口比例相对较低，人口集聚能力不足，对产业发展、城镇服务需求等有一定程度的影响。

（二）产业区与城区过度分离的原因

产业区与城区过度分离的原因主要包括以下两个方面。

1）规划理念有偏差。实行各功能区的分隔布局，不仅使相同、相近的用地间的联系与协作更为便利，还能够有效避免不同功能的用地相互干扰及土地使用的混乱，能够有效解决工业生产污染造成的城市环境质量下降的难题。随着城市产业的退二进三，产业区与其他城镇化地区间的空间关系会从互相干扰逐步转变成互相衔接，产业区的发展也会面对空间布局上的转型。在科技发展迅速的当代社会，有的高新技术产业及生产型服务业等产业完全能够融入居住区，使得传统居住区中居住地和城市其他职能的土地混合利用程度更大，使工作与居住环境更加密切相关。如果仍然沿用以往的"功能分区"理论，就会对产业的转型升级产生一定程度的制约作用。在这种理念的支配之下，居住地选址与城镇体系错位，从某种意义上说延缓了产城融合的进程。

2）建设策略不恰当。第一，有些地区为了得到更多的新增建设用地指标，人为地把产业园区和新城分开来建设，把毗邻新城的工业园区进行单独规划与管理，单独计算用地指标。这样不仅会给未来区域整体协调发展及产城联动留下一定的隐患，而且会助长土地的粗放利用。第二，在公共设施的建设过程中，总是会有经济收益比较大的商业、商务办公设施建设速度较快，公益性设施建设相对来说比较慢，以致重"商业"而轻"公益"等现象出现。以常州为例，经济开发区的基础设施建设落后，尤其是优质医疗资源及教育资源。第三，许多购房者把郊区新城的置业当成一种保值、增值的手段，造成了房屋被大量空置，人气不旺，使当地公共服务设施滞后的局面更为明显，由此逐渐形成恶性循环。此外，尽管现在社会各界均十分注重产城融合发展，但是由于产城融合与多方面的政策有关，对于当代的产城分离现象仍缺乏切实有效的机制、政策和措施，促进产城融合的发展仍需要一段时间。

二、城区公共服务业集聚过多，功能过于类同

尽管全市公共服务供给能力有显著提高，不过主要集聚在城市。例如，市区 90% 以上的大中型零售商业设施集中在城区，75% 以上的优质中小学和二、三级医院集中在城区。公共资源过度向城区集中，导致大量人群争相涌入城区，使得城区拥堵现象日益严重。城市各区服务功能大致趋同，金融、商务和生活服务等功能区小而全。近些年来，各区涌现出了以商业广场为代表的城市综合体，尽管小而全的服务模式满足了各片区生活、生产需求，不过同时也产生了供给过度的问题。

三、城镇承接城镇化人口能力太低，人的城镇化速度比土地城镇化慢

以常州为例，20 世纪 80 年代"苏南模式"下乡镇企业的大发展吸纳了常州大部分新增的非农就业人口，随着 90 年代以开发区、产业园区为主体的发展转型，乡镇经济渐趋式微，非农就业人口渐渐地开始集聚于城区，小城镇的城镇化功能弱化，城镇化人口主要集中于城区。近些年来，常州市城镇建设用地年均增速大概是城镇人口年均增速的 2 倍，建设用地快速扩张，没能很好地带动人口的转移，大概 40% 的人口仍主要集中于老城区及县城区，有的新城、园区、城镇开发强度比较高、人口密度比较低。2013 年年底，全市开发强度已经达到 25.8%，部分城镇甚至超过了 30%，但是由于各类小城镇规模普遍偏小、基础设施偏差、公共服务滞后等，产业和人口集聚效应薄弱，制约了农村人口向小城

镇的有效转移。2015 年，常州城市建成区面积 2000 年以来年均增长 9.1%，而同期城镇人口从 147.8 万增长为 329.1 万，年均增长了 5.5%，人的城镇化速度明显比土地的城镇化速度慢。

四、部分区域生态承载力、空间配置不均衡

从总体上看，生态环境目前处于高风险阶段，粗放的生产生活方式与脆弱的生态环境承载能力之间的矛盾越来越突出，流域性水污染问题及区域性灰霾污染问题没有得到根本解决，而且单位地区生产总值能耗强度比较大，节能减排任务特别繁重。在有些区域更是如此，高污染、高排放企业的发展对周边区域高端产业集聚、城镇建设、人口集聚产生了严重影响。部分区域空间资源配置很长一段时间未能得到优化，未与周边形成联动、统筹、协调发展态势，除了对产业布局优化及转型升级造成一定的影响，还阻碍了城镇功能的有效提升。

五、产业和城市的供给不足

产业和城市的供给尤其是高质量、高效率的有效供给不足，供给侧结构性改革从供给角度出发，通过制度变革、结构优化、要素升级这"三大发动机"，资源配置效率得到提高，有效供给有所增加，这是适应和引领新常态的重大创新。产城融合综合改革正是通过在体制机制创新、产业转型升级、空间布局调整等重要环节精准发力，进一步优化要素供给、结构供给、制度供给，很好地解决了当前经济发展质效不高、结构性矛盾显著、资源利用与环境保护压力巨大等问题。

综上所述，对照"创新、协调、绿色、开放、共享"五大新发展理念的要求，目前我国部分区域的产城融合发展还存在不适应、不符合新发展理念的问题，迫切需要通过改革创新，深刻调整、不断改进。尤其是在协调发展方面，城乡发展不平衡、工业化和城镇化的进程不同步、产城功能不配套等问题，都是牵制常州发展的关键问题。产城融合综合改革的目标为，在更大范围、更高层次上推动产业与城市的良性互动，更好地发挥"人"的核心作用，最终促进人、产、城融合并进。

第四章 国外产城融合发展的案例分析与启示

对于产城融合来讲，每个国家都有适合自己的发展方式。那么，国外产城融合发展方面哪些地方值得我们学习和借鉴？本章将对国外产城融合发展的代表地区进行分析。

第一节 国外产城融合发展的特点

一、因地制宜

一个城市能够发展，是集该地区全方位的优势于一身，立足长远的发展目标而推进的。换句话说，城市发展要因地制宜，即利用当地的特色、环境、文化、历史等开发适合城市发展的产业。一个产业从无到有的开发过程，是一种人们自主选择的过程，在这个过程中逐渐确立产业发展的模式。类似于这种方式发展起来的城市产业，其成长发展的类型是多样的，包含自然成长型、学习借鉴型、外来移植型、突变型等。这种城市发展的类型划分是相对细致的，我们可以采用简单的方法对城市重新分类，即可归为两类：第一种类型是产业发展促进城市的形成，通俗来讲就是指资源型城市，既然是资源型，就说明它是城市形成的最基础部分，也是十分重要的成分，即靠山吃山、靠水吃水；第二种类型是因人口聚集而发展起来的城市，在这种人口密度高的城市里，其经济发展依靠的是众多强大产业的支撑，为了促进城市的发展，产业选择及确立是一个十分重要的问题。

1. 自然成长型产城融合

自然成长型产城融合的发展特点就是发展因资源而定，或者形象地称为靠山吃山的发展模式。相关研究，认为资源型城市的出现是矿产资源和森林资源开发的结果，并以这些资源来支撑城市产业的发展。针对这一观点，国内与国际学界展开了深入的研究与探讨，并最终形成了以下几种观点：第一种是指提供资源型产品的城市，该类城市主要以提供矿产品或初级加工品为主；第二种是指以专门的资源开发而建立的特殊城市，该类城市的产业发展主要以采掘业和初级加工业为主；第三种是指因资源开发而再度发展的城市，如德国的鲁尔区、法国的洛林区。

2. 学习借鉴型产城融合

有学者专门对日本东京的城市发展模式做了深入调研，并对其进行了概括分析，认为东京在城市发展模式上与其他国家的很多城市有所不同。它是一个综合性的发展城市，融金融、政治、工商业、文化于一体，被人们誉为集"纽约＋华盛顿＋硅谷＋底特律"城市功能于一身的世界城市。例如，在交通方面，日本最大的港口群——东京湾港口群地处交通便利的重要地理位置，并以其国内的两大机场为交通枢纽，成为通往国内外的航空基地。此外，在港口的分工上，京滨地区也发展得有条不紊。其中，千叶港口负责原料的输入，对外贸易则集中在横滨港口，对于国内贸易的流通则主要在东京港口，而川崎港口主要负责为企业运送原材料、制成品等，这样的发展模式既自成体系又便于管理。

3. 外来移植型产城融合

汉诺威作为德国内部占地面积相对较小、人口数量不是很大的城市，其发达程度相当高，其中制造业尤其发达。它的水陆交通枢纽更为汉诺威的工业发展带来了便利。汉诺威的城市发展也是充满波折的，但第二次世界大战以后，在1947年举办的工业博览会上获得了极大的成功，这为它的经济发展奠定了坚实的基础。此外，汉诺威政府也对城市经济的发展给予高度重视，明确以会展业为支柱产业之后，在制定经济和城市未来发展的双重战略的同时也将会展业考虑在内。另外，对会展业的经济投入也被列入政府的财政支出名单，这无疑对汉诺威的发展给予了更大的保障。健全的会展业体系也对其他行业发展有一定的促进作用，如专业人才培养、商业合作、国际交流等，甚至对政府、行业协会在治理、管理方面都有成效。城市的发展不是孤立进行的，产业发展更要依靠国家内其他城市产业的支撑。随着工业的不断进步与发展，汉诺威举办的工业博览会逐渐成为世界上较专业的贸易展览会，而这座城市也被人们誉为"会展之都"。

二、因时制宜

因地制宜是以产业的选择、确立为主要内容来展开具体论述的，而因时制宜关注更多的是产业转型升级等问题。

1. 充分尊重传统产业的延续性

传统产业在新的时代难免存在一定的发展瓶颈，在这样的特殊时期也无须过分紧张。对此，相关学者展开研究后认为，传统产业应该与现代化的产业相结合，共同发展。例如，工业革命时期一些因煤炭、矿产资源而兴起的老工业基地（如曼彻斯特等），在面对新的生产资料的同时积极调整产业发展结构，最终使产业转型升级成功，建立了新型的现代化工业城市。在产业转型发展的关键时期，没有抛弃对传统产业的继承和发扬，而是进一步将其融合进城市的发展风格中，在体现城市发展多样性的同时，也体现了城市所承载的历史感和责任感。

2. 积极寻求传统产业的转型升级

作为曾经的钢铁之城、经济发展繁荣的老工业基地——匹兹堡，也面临着产业发展不景气的局面，经济景象一派低迷。但它没有放弃寻找机会，而是开展了一场复兴运动，并采取积极有效的措施来推动城市的发展，把注意力放在产业转型上面，最终取得了令人满意的结果，城市的面貌焕然一新。在产业转型促进经济发展方面，匹兹堡将注意力主要集中在这3点：一是环境治理；二是产业结构多样化；三是注重历史，大力寻求传统产业的发展机遇。在此基础上，匹兹堡以重工业为主的发展逐渐退出到边缘区域，城市转型效果显著，同时教育、医疗、科学技术产业、文化产业也获得了前所未有的发展。在之后的几十年，匹兹堡不断发展进步，并逐渐成为美国推动城市产业转型的标杆城市，甚至对其他国家城市的老工业基地转型也具有借鉴意义。

第二节 国外产城融合发展的经典案例

产城融合发展是目前产业转型与城市经济发展的重要内容，我国可以借鉴一些转型成功的城市的方法策略，再结合我国实际情况加以完善。具体城市发展案例如下。

一、日本筑波科学城的产城融合

日本筑波科学城是一座具有详细发展计划的城市，在居住人口及比例划分上相对比较严格。例如，1988年的人口规划上，其总人口为18.8万，中心研究教育区有6.5万人，其中有科学研究人员13 000人，而剩余人口全部分散在周围城市。日本筑波科学城预计2030年发展人口35万，其中，中心研究区域规划人口为10万，周围城市人口规划为25万。

日本筑波科学城包括两个部分：学校和周围的开发区。周围开发区主要用于建立私人研究机构，研究学院根据用途分为城市中心区、居住区、研究和教育设施区3个区域。主要有中心大厦、购物中心、汽车终点站、泊车大厦等建筑及其他用于文化活动、公共管理、商业和研究交流目的的设施。

日本筑波科学城之所以成功，主要是因为以下几点因素。

1. 筑波大学的纽带作用

筑波大学的前身是东京高等师范学校，1949 年更名为东京教育大学。1973 年，日本内阁会议通过《筑波大学法案》，同年 10 月，日本综合性大学——筑波大学正式成立。筑波大学占地面积高达 2479 公顷，办学空间足够宽敞。在城市发展的过程中，筑波大学起到了十分重要的作用。不仅在各个研究机构之间充当桥梁的作用，促进了机构的学习和进步，它还为这些研究机构储备了非常优秀的科研人员，使之后备人才充足。

2. 立法保障和优惠政策的双重实施

筑波科学城是日本政府极其重视的发展区域，对其法律的建设也是十分健全的，它是世界上立法最多的城市。在立法保障方面，可以将其分为两个部分：一是就高新技术产业内部地区而制定的法律；二是关于国家经济和社会发展方面的法律法规，这也是与第一部分联系密切的法律部分。对这两部分的法律法规进行比较可以看出，第一部分显得更集中、对该区域的发展约束更有力度，与其他地区相比，这也是筑波科学城的一大特色。《筑波研究学院园区都市建设法》的内容及相关章节分别对学园区域、周边区域的开发与规划有明确的说明。在详细的法律法规保障下，加之大量优惠政策的实施，在给城市发展提供保障的同时，更促进了城区的科学发展和经济水平的提高。

3. 环境保护与城市建设协调发展

城市北部有著名的日本关东峰；东临日本第二大淡水湖霞浦湖。山地林地、农田（旱地、水田）、绿地等占据园区总面积的 65% 以上，尤以绿色廊道中的水绿最为著名，称为乡村城市与绿色并存。对于这一科学城市的规划理念：科学城的建设应该尽可能做出各种各样的活动来实现有机链接，同时，通过自然环境和历史遗产保护，科学城市建设可以保障人们拥有健康、文明的生活。筑波科学城的发展目标：建设一座人与自然协调发展的生态城市。它在 40 年的时间里开发了绿地 10 318.47 公顷，达到了人均占有绿地面积 59.58 公顷，是一座名副其实的生态科学城。

4. 筑波世界博览会的促进作用

日本政府以促进筑波科学城的发展、提升其知名度、促进国际交流为目标，进而举办了筑波世界博览会（以下简称世博会），使之吸引更多的目光，成为具有国际水平的科技研究中心。筑波通过举办世博会，在设备和基础设施建设中发挥自身潜力，逐步成为日本乃至亚洲的研究机构和企业研发中心。

---

1 公顷 =10^4 平方米。

在促进城市发展方面，日本政府采取了以下多种措施，全力打造更具实力的科研中心城市。

1）加快基础设施建设。由于刚刚建设成的筑波科技城基础设施建设还不到位，这里的生活和工作都无法正常展开，城市发展也停滞不前，无法达到预期建设的效果。但世博会举办以后，筑波科学城获得了大量的资金投入，在充足资金的支撑下，迅速完善了一批至关重要的基础设施建设，这不仅大力促进了城市的有效运行，还为其进一步发展奠定了基础。

2）完善城市在各方面的功能。作为以科学研究为主的新兴城市，由于商业建设等配套设施较少，人口居住过少，商业、餐饮业等过于荒凉，经济发展不景气，在这种恶性循环的环境中，城市发展也十分缓慢。但举办世博会以后，城市的商业发展有了更多的机遇和资源，各种购物中心、大型商场、餐饮酒店等一应俱全，信息化建设也逐渐完善，不仅使城市面貌焕然一新，还对其功能结构进行了充分合理的补充。

3）环境美化必不可少。室外环境是城市建设的重要方面，不仅可以改善城市的面貌，还能打造宜居健康的生活环境。世博会成功开办以后，对于占用的大部分土地，除用于企业开发外，均建设成公园和绿地，公园和绿地与人行路和广场相连接构成开放的空间系统。开放空间与商业、交通、文化、住宿等设施相结合，在景观绿化设计上做出了巨大的努力，形成了高度人性化、优美的城市环境。

4）城市知名度和国际交流。世博会展示了当时所有国家的最新科技成果，46个国家和37个国际组织参加了世博会，28个展馆由日本企业组织，世博会的参观人数达到了2000万。在如此规模的世博会影响下，筑波科学城的国际化水平迈出了一大步，知名度迅速升高，国际交流也有了新的突破。筑波科学城目前已经是闻名于世的国际科学城，并成为国际科学交流的重要基地。

二、美国尔湾的产城融合

美国加利福尼亚州的尔湾经历了1970年美国大都市从工业化向后工业化发展的过程，经历了大洛杉矶区从单中心裂变为多中心的过程，逐步具备了典型的城市功能。

尔湾是一个占地面积相对较小的城市，仅88平方千米，但这里自然秀美、气候宜人，尤以Long Beach（长滩）海滨最为著名。气候温和的地方，每个海岸都有一个著名的Long Beach海滨。尽管这座城市的历史很短，但它仍是美国最安全、最适宜居住的城市。在热门城市中，尔湾成为城市融合的典型。

尔湾是一座一开始就经过规划的城市，其规划与其他新兴的城市发展规划不同，它不是由政府主导规划的，而是由私人公司（尔湾家族成立的尔湾公司）投资慢慢发展起来的。尔湾的经济发展经历了比较漫长的时期，我们可以将其划分为5个发展阶段（图4-1）。

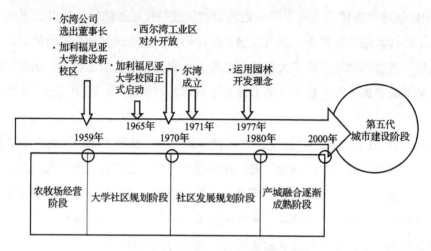

图4-1　尔湾的产城融合发展阶段

第一阶段为1959年以前。这一阶段还是以农场为主的发展阶段，主要以农产品橘子、胡桃和动物产品绵羊产物为主，直到尔湾公司选出董事长、公司正式成立以后，才有了进一步的发展。此期间，尔湾公司将大约4平方公里的土地，以1美元的价格出售给加利福尼亚大学建设新校区，加州大学尔湾分校的建设自此拉开帷幕。

第二、三阶段分别为大学社区规划阶段和社区发展规划阶段。在这两个阶段，加州大学聘请著名建筑师和尔湾公司的规划者们一起，围绕新校区进行了重新规划，同时为了长远的发展，将城市人口发展规划列入其中，并建立相应的配套设施，如商业中心、工业区、生活区及绿地建设等，将其发展成一个功能完备的新型城市（尔湾成立）。其中，在第三阶段的规划设计中，引入了新型的园林开发理念，为商业区和社区的融合发展创造了新的局面。

第四阶段为产城融合的发展成熟阶段。这一阶段的城市发展纳入了环保主义理念，在保护自然生态环境的前提下，尔湾开始将环境保护的概念融入城市发展和布局建设之中。在考虑城市综合发展的基础上，尔湾市逐渐进入产城融合的成熟阶段。

第五阶段为2000年以后，第五代城市建设的阶段。在这一阶段，尔湾市已经得到了全面的发展，经济实力也显著提高，综合竞争力也达到了一定的水平。在生活服务方面，交通便捷，教育质量有所保障，生活区域发展完善。在城市快速发展的同时，也吸引了众多优质企业进驻该市，这又对尔湾市的经济建设提供了新的路径。

产城融合为尔湾的经济发展提供了肥厚的沃土，应对其未来进行合理规划。第一，要时刻把城市规划设计放在心上。城市整体规划是城市资源被有效利用的基础，也是建设特色区域的最佳手段，还是实施空间保护的重要措施。第二，大力发展高新技术产业，打造多元化的产业发展结构。多元化一直是城市发展的重要主题，强调多元化不仅可以促进行业间的渗透，还能够促进传统产业和落后产业转型升级，促进第一产业、第二产业、第三产业的协调发展。此外，在产业发展上，应加快提高劳动质量和劳动者的受教育水平，需要配套完善的基础设施，这对尔湾的市政建设具有极大的推动作用。第三，注重生态环境保护和人居环境建设。值得注意的是，尔湾在规划发展的过程中，保留了自然保护区等湿地，对自然水系进行了生态保护。在以可持续发展战略为中心的城市建设中，尔湾成为生产与城市融合的典范。

三、英国米尔顿·凯恩斯城镇的发展

50多年前，米尔顿·凯恩斯还是一座鲜为人知、落后的英国小镇，如今却是一座拥有248 800人的现代化城镇，总面积达88.4平方千米。米尔顿·凯恩斯的快速发展得益于以下几个方面。

1. 政府支持市场的运作

米尔顿·凯恩斯的发展从一开始就得益于宏观规划。1947年，英国颁布实施了《城镇和乡村规划法》，首次对城乡居民进行全面规划和建设。该法律的主要目标是建立一种适合当时情况的规划制度。这种规划制度给土地占用补偿与由此产生的矛盾提供了全面的解决方案，为合理规划提供了可能；向地方政府提供财政补贴，以购买土地实施计划。法律在英国的小城镇发展中起着决定性的作用，而米尔顿·凯恩斯则是强有力的支持者。米尔顿·凯恩斯从项目一开始就按照市场规律进行建设和发展，这成为其持续增长的保证。这座城镇的建设从政府投资开始，首先从农民手中购买土地，然后交给开发公司。当城镇开始成形时，地方开发部门将开发好的土地和房屋卖给公司或个人，以收回国家投资资金。

2. 便利的交通将城乡连接起来

在交通建设方面，米尔顿·凯恩斯有自己的道路通信系统，且与其他城市有明显的区分。它的道路规划主要在底层，且有多层的十字路口。该项目体现了美国洛杉矶的网格道路布局模型。每个网格是1平方千米，一个网格是一个社区。像米尔顿·凯恩斯这样的中小型城镇高度发展的一个重要因素是拥有便利、相对廉价的铁路和公路运输。英国拥有密集的铁路网络和广泛、便捷、准时的铁路运输，将大量的乡村城镇和城市中心连接在一起。高速公路不收费，在正常情况下没有通关。从伦敦欧斯顿火车站到米尔顿·凯恩斯只

要半个小时，四通八达的高速公路网和便捷的铁路运输系统为米尔顿·凯恩斯的发展提供了条件。米尔顿·凯恩斯也被5个大大小小的机场包围，成为英国主要的配送中心之一。

3. 大公司创造就业机会

米尔顿·凯恩斯的发展与它优越的地理位置密切相关，该镇位于英国最大的城市伦敦和英国第二大城市伯明翰之间。超过1/7的人居住在城镇周围1小时车程的范围内。米尔顿·凯恩斯充分利用地理位置和交通发展零售、信息、咨询、保险、研究和教育培训等业务。服务业占全镇劳动力的近80%。在服务业中批发和零售的占比最大，占总就业人口的22%。米尔顿·凯恩斯在发展过程中对大型公司给予高度重视，大力吸引跨国公司来本地发展，其中20%是外国企业，尤其是美国和日本企业。这些企业主要是大型企业，如梅赛德斯－奔驰汽车金融有限公司、大众汽车集团、美孚石油公司等，它们确保米尔顿·凯恩斯成为该地区的中心，分享一些大城市周边的功能。

4. "绿色发展"着眼于未来

米尔顿·凯恩斯建在一个平坦的农业区，政府计划通过景观设计使其成为一座有吸引力的"绿色城市"。根据规划，当地住宅建筑的高度不应高于树高，商业建筑（包括写字楼）不应高于6层。建设一座城镇很容易，但要让它走上可持续发展的道路却是一个难题。普华永道可持续发展顾问威廉·戴认为，城市可持续发展需要政策支持。英国政府已成立绿色投资银行，为经济的绿色发展提供资金，鼓励企业和个人为可持续发展做出贡献。

米尔顿·凯恩斯对小镇的建设始于对保护环境和增加绿地的强烈关注，该市公园占地面积超过全市土地使用总量的1/6，着力打造自然公园和人工湖等优美的休闲场所，可以给居民提供更多舒适的绿色环境，小镇四周也被茂密的森林覆盖，形成了自然的天然氧吧。此外，在室内建设上也可以看出该城市对环境和绿地的重视，如在大型购物商场建设花园等。良好的环境是人类赖以生存的自然基础，米尔顿·凯恩斯既然能够把环境作为发展的目标，那么小镇的经济发展也会在此环境下快速前进。

四、瑞典马尔默的"二次城镇化"

马尔默是瑞典第三大城、海军基地和交通枢纽。据记载，早在12世纪就有了马尔默，它地处林荫海滨，港口运输发展很快，这也是它产生和发展的主要因素。后来，马尔默因造船业发展而远近闻名，这也促使北欧成为最早的工业化和城镇化的城市之一。20世纪90年代，马尔默经济衰退，城市污染严重，政府濒临破产，以造船为主要产业的公司为了减小成本和损失，纷纷将公司迁往东欧，对此当地政府不得不调整城镇化模式，实现传统重工业的绿色增长和高新技术产业的转型。自1990年以来，马尔默的城镇化开始逐渐展开，在对城市进行合理规划的同时，将建筑业纳入城市规划系统，并逐渐脱离对造船业等重工业的依赖，打造可持续发展的高科技、低能耗行业。马尔默已成为欧洲绿色城镇化的典范。

1. 城市土地利用率

通过改善城市土地利用方式来解决空间不足、城市发展的问题（如开发高层建筑等），或开凿地下交通系统（如城市轨道等），这不仅增加了空间利用率，还解决了陆上交通不便的问题。

2. 加强周边城市联动性

马尔默的地理位置条件优越，空运、火车、汽车、海运等通路系统发达，这为它与其他城市的互动发展奠定了基础。马尔默距离瑞典著名的大学城隆德有20千米，马尔默与隆德的沟通和合作，不仅能够获得良好的教育资源，还能够给当地的企业提供一定技术上的支撑。此外，马尔默与哥本哈根隔厄勒海峡相望，且两地距离不超过50千米，通过厄勒海峡大桥两地，在教育上资源互补、在产业发展上资源互相流通、在城市规划上相互借鉴，能够满足更大的市场需求。其他城市也可以与马尔默建立联系，从而带动马尔默进一步发展，并实现多城的共同发展。

3. 创新改造方式

以创新改造方式提升城市功能和城市形象。马尔默西港区曾是瑞典最重要的造船基地，自2001年以来，马尔默政府打造了"住宅01"的城市发展项目，在合理规划城市发展布局的基础上，利用可再生资源对老工业区进行彻底的区域改革，建设成集住宅、商业、教育等于一身的功能完备的示范区。西部港区的绿色、健康、可持续发展的城市区域规划布局，不仅使城市的功能和形象有了极大的提高，对土地的合理利用也充分有效。从产业转型、经济发展的角度看，西部港区已从一个高能量重工业基地转变为一个新型的高新技术产业区域。从土地开发的角度来看，无论是工业还是住宅、办公和教育设施建设，高楼林立取代了单独的平面场地，从而使人口密度有所增加，住房和其他生活方面的需求也增加，土地利用率大大提升。

4. 扩大城市开放

城市的发展必然以产业发展为前提，产业兴旺也会带来人口的增多，无论是本国人口还是移民人口，都为城市的发展增添了力量。因此，马尔默的"二次城镇化"要求合理安排移民等新的人力资源，对城市开放要求更高的格局。然而，移民尤其是年轻人，由于语言交流和教育资格等方面的问题，无法促使他们快速、有效地融入当地的城市生活。为此，马尔默采取积极的应对措施，以开设语言培训课和多语种教育来打破语言障碍。与此同时，马尔默政府还设立了一系列国际教育和工作经验认证标准，以促进移民就业和融入城市。

五、其他国家与地区产城融合发展的启示

其他国家在产城融合方面采取的有效措施如下。

1. 德国在产城融合发展方面的措施

1）统筹兼顾大中小城镇的协调发展。一方面，消除某一中心区域的过度发展，避免形成支配性的中心城市，打造"多中心"的发展布局。另一方面，德国以"小的即是美的"发展理念为原则，注重中小城市或城镇产业的发展，而小城镇呈分散状分布，且具备完备的发展功能，发展水平达到较高程度。

2）合理规划城市建设。在城镇化建设的过程中，德国高度重视对城市的规划，因为城市规划不仅起指导和协调的作用，还可以避免不合理的建设和清除城市重建或扩建中的障碍。此外，在城市规划方面，德国政府逐渐将市民的建议纳入其中，以"政府＋专家＋公众"为规划理念，这会使居民区的规划更加合理，对区域管理的效率也会有所提高。

3）发展特色产业。德国的城镇众多，且发展情况各不相同，每个城镇都有自己的特色产业。在发展其他产业的过程中，德国政府对特色产业给予极大的重视。例如，柏林城市发展以文化、工业为主，法兰克福以金融业著称，汉堡则以贸易产业为主导产业等。

4）注重人与社会发展的融合。城市发展固然重要，但人的基本权利不容忽视。采取的措施包括：一是城市的建设不区分农、工和城、乡的差别，所有人民群众享有同样的权利，如受教育权、社会保障等。二是对于移民人员，积极妥善处理其社会融合问题，促进人与社会的共同发展。

2. 韩国在产城融合发展方面的措施

韩国官方统计，2011 年韩国城镇化水平达到 91.1%，超过了美国等发达国家的城镇化率。韩国城镇化发展如此迅速，主要原因有 4 点：一是制定了以"工业、大企业、大城市"为主的发展战略，使工业化的大城市产业与人口高度集中，促进了城镇化的进程。二是大力实施"农村工业园"计划，这不仅源于政策的支持，还在于对大中城市工业产业的限制，使资金能够及时有效地流入农村园区。此外，韩国农村工业化既有城市工业向农村地区的扩散，也有农村地区传统工业成长，"城市工业扩散"和"农村自生"交替混合。三是"建设卫星城市"统筹发展，以此解决工业化过快导致的城市人口过度集中的问题。通过大力兴建卫星城、首都圈等中心区域，进一步促进人口就业、产业发展。四是开展"新农村运动"，即通过政府的支持和农民自主发展的方式，积极兴建家乡，完善公共设施建

设。对于因城镇化、工业化建设而占用的土地，给予积极的补偿，使农民享受到应有的福利。

3．拉丁美洲国家的教训

拉丁美洲国家的城镇化发展也相当迅速，据统计，其在 2010 年的城镇化率就已达 79.6%，与北美相比仅低 0.9 个百分点。但是由于拉丁美洲国家缺乏产业支撑，呈现"超前城镇化"倾向。主要表现在以下几个方面：一是农业发展缓慢、城乡差距拉大；二是大量农村人口转向城市，导致城市人口失业率上升，加快城市二元结构的形成；三是社会问题凸显，经济发展滞后。以墨西哥城发展为例，曾经的城镇化发展，不仅使墨西哥城的经济飞速增长，人口问题也得到一定解决，但过度的城镇化打破了这些局面，导致城市拥挤、贫困问题、污染问题显现。20 世纪 40～50 年代，墨西哥城市内部高度发展，工业化水平骤增，城市变成了人人向往的地方。在农村机械化背景下，农村剩余劳动力选择进城务工。但是，由于他们不具备工作所需的文化水平和专业技能，找不到工作的人员（如妇女、儿童等）聚集在一起，城市中最终出现贫民窟。为避免人们盲目进城而给城市带来不必要的损失，墨西哥政府积极采取应对措施，加大力度缩小城市和农村之间的差距，积极改善农村发展战略，提高人们的生活水平，具体如实施医疗保险计划、采取提高升学率的措施、增设奖学金助学项目等。

第三节 国外产城融合发展的经验与借鉴

通过第三章与第四章国内外产城融合发展的经典案例分析不难看出，无论是新城建设还是园区规划，产城融合发展多经历时代沿革、政策不断调整规划。以下 3 点经验可供我国今后推进产城融合发展借鉴。

1．城市规划超前、空间布局合理是产城融合发展的关键要素

1）城市规划超前。规划的超前性体现在两点：一是规划要以城市人口和产业发展为目标，对其有精准的判断；二是规划要为新城或新园区开发预留充足的发展空间，对于重要的交通节点区域，若没有成熟的想法、项目，切勿贸然布局开发。关于城市发展空间预留的问题，可以借鉴马恩拉瓦莱、苏州工业园区、筑波科学城等发展模式。

2）空间布局合理。产城融合更强调园区和城市功能区的混合发展。这就意味着对工业园区的规划必须与居民居住区、商业区等生活服务场所相联系，打破以往严格划分界限

的做法，使整个城区有机协调发展，资源利用趋向于更合理、更高效。例如，苏州工业园区的规划布局，以金鸡湖为中心，在服务区、居住区、工业区的规划上由中心向外依次筹建，不仅在空间布局上更合理，三者之间的划分也更便于人们生活和工作。

2. 明确产业发展导向和第二产业、第三产业并举的发展思路是产城融合成功的前提

空间布局需要产业支撑。例如，苏州工业园区从以高新技术为主导的产业发展方向逐渐过渡到新兴产业的发展，将电子信息业、生物医药业等产业纳入城市发展布局规划；马恩拉瓦莱则以迪斯卡特科学城和游乐园为城市发展的主导产业；筑波科学城则以科技研发作为该地区的支撑产业。此外，在产城融合过程中，服务业对制造业的发展也有巨大的促进作用，并能够创造一定的就业机会。因此，优化产业结构，引入产业链高端业态，同时发展与之匹配的各种服务业，使高端产业与服务业形成良好的互助局面，共同发展，以推动产城融合进程。

3. 完善的交通设施和配套的服务环境是产城融合的物质保障

1）良好的交通是一切生产要素能够快速流通的前提。根据国内外的发展经验，可以得知中心城区的生产要素（如技术、人才等）对新兴城区的发展有良好的引导作用。特别是在新城的建设初期，新城在一定程度上表现出其中心城区的依赖。因此，产城融合要充分考虑产业与城市的交通设施是否完善。

2）要配套有优质的社会服务和居住环境。产城融合的重要功能之一是疏散大城市中心区的密集人口，因此从人口动因考量产城融合发展问题很关键。苏州工业园区从规划初期就综合考虑人口就业和居住环境的问题，努力打造以邻里社区为基本单元的居住和社会服务模式，新兴服务促进了城市与产业间的良性互动，实现了产业、城市和谐融合发展。

3）交通设施的建设要考虑整体城市布局，要打通产业区、居民区及大型公共设施间的交通网。

第五章　国内产城融合发展的案例分析与启示
——以重庆市为例

本章将以重庆市产城融合的发展为例具体分析国内产城融合的发展模式及政策体系，主要包括重庆市产城融合发展概况分析、重庆市产城融合发展的模式及政策体系及促进重庆市产城融合发展的对策。

第一节　重庆市产城融合发展概况分析

一、主要测度与评价

产城融合的推进是在一定经济空间、结构空间和地理空间中进行的。如果将重庆市产城融合置于经济空间中，参照物是经济发展水平、工业化，那么重庆市产城融合总体水平相对滞后；如果将重庆市产城融合置于结构空间中，参照物是产业结构与就业结构的匹配度、城镇体系，那么重庆市产城融合结构体系不够合理；如果将重庆市产城融合发展置于地理空间中，参照物是区域、区县，那么重庆市产城融合区域发展不平衡，城乡发展失调。

（一）城镇化水平滞后于经济发展水平

一个地区城镇化与经济发展水平的关系（表 5-1）反映了该地区产城融合程度。根据钱纳里对 100 多个国家的综合测度分析，当人均国民收入达到 1000 美元时，城镇化率应达到 63.4%。2018 年，重庆市人均 GDP 达到 1 万美元，全体常住居民人均可支配收入达 3998 美元，城镇化率为 65.5%。由此可见，将重庆市置于全球范围内审视，其城镇化水平与经济发展水平仍存在较大偏差，低于世界平均标准。

表 5-1　城镇化与经济发展水平的关系

类别	人均国民收入 / 美元	城镇化率 /%
高收入国家	12 056 以上	80
中高收入国家	3896 ~ 12 055	75
中国	9772	59.6
重庆市	10 000	65.5

资料来源:《世界统计年鉴 2018》。

综上所述,重庆市农村劳动力转移加快,但重庆市城镇化水平仍滞后于工业化水平,产城融合度不高。

(二)结构体系相对不合理

伴随经济发展的不断增速,重庆市产业结构和就业结构也发生了明显的变化。虽然第二产业、第三产业吸纳就业的能力有所增强,但是与自身产值贡献相比是不配套的,占比较大的依旧是第一产业就业结构。因此,产业结构与就业结构间仍然存在偏差,并将对产城融合发展产生直接的影响。

二、主要问题

对于产城融合,各地虽已有探索实践,但还存在一些亟待解决的问题。从认识层面看,对于如何推进产城融合,很多地区还只是停留在理念上,没有提到整个城市永续发展的高度,仍处于"摸着石头过河"阶段。从制度层面看,产业化、城镇化政策较多,但如何促进产城融合的政策还不成体系,特别是对处于不同发展阶段、不同主体功能定位下的针对性政策还很缺乏。从操作层面看,城市和产业布局规划随意、土地资源利用效率不高、城市基础设施和公共服务不配套、房地产过度开发、产业转型升级难、人口融入城市难等现象的背后,是城市规划、土地管理、投融资、社区治理等之间深层次的矛盾,需要创新体制机制。重庆市在产城融合发展过程中存在的问题具体表现为"五重五轻"。

(一)重理念,轻政策

重庆市级层面把产城融合作为新型城镇化的重要指向,作为构建五大功能区域的重要支撑,并在工业园区建设、产业转型升级等方面采取了积极措施。重庆市有超过 1/3 的区县明确提出了"产城融合"的发展思路,多数区县在城市发展过程中注重城市建设与产业发展的协调推进,但在城市规划、土地供应、招商引资、工作考核等方面还没有形成系统的政策体系。例如,为实现产城融合,如何紧紧围绕城市主体功能调整招商方向?对于已建成的园区，如何实现落后企业出清或者优化升级？在为都市功能核心区和拓展区产业配套，以及吸引世界和我国沿海产业转移过程中，如何实现区县统筹？对于这些问题，目前还缺乏针对性强的政策措施，这制约了产城融合进程。

（二）重规模，轻质量

从重庆市城镇化历程看，以下两种发展路径较明显。

1）产业园区集聚方式。当产业园区达到一定建设规模和基础条件后再完善城市商业等功能，升级为城市新区。

2）房地产带动城市发展方式。以房地产的开发推动城市基础设施建设，集聚人口和产业，最终实现"有产有城"。这种单方推动方式，容易导致房地产的过度开发或园区规模的过度扩张，进而带来一系列问题，如"空城"现象。

目前，重庆市一些区县城市新区的住房空置率较高，难以聚集人气，商贸、物流等服务业也难以活跃起来，新城不仅没有起到疏解旧城人口压力的作用，反而加重了新城与老城之间的交通压力和老城的生活配套压力等。与此同时，不断推高的房价，让大量产业工人难以支付购房成本，导致外来人口难以融入城市，农民工进城受到极大制约，进而制约了人口的集聚，阻碍了产城融合进程。过度依赖房地产发展或产业园区发展的路径选择，不仅影响城市其他产业的协调发展，也影响城市与产业的协同推进，制约产城融合发展。

（三）重硬件，轻环境

从重庆市开发区和产业园区看，大多注重硬环境配套能力的建设，而忽视以人为本理念的构建。从硬环境看，也存在水平不高的问题，主要表现为园区功能分区缺失，市政、交通等基础设施大多按照工业生产规划设计，缺乏商业、学校、医院及一些必要的城市生活服务设施配套，文化、消费及休闲空间塑造比较滞后，这些都严重影响了园区人气的聚集，成为产城融合发展的瓶颈。从软环境看，城市精细化管理、宜居环境打造、市民文明素养提升、人口结构改善、职工权益保障等存在不足，而且较短时间内难以实现较大提升，这制约了中高端人才和产业工人的集聚。目前，重庆市常住人口呈现出净流入的趋势，但占比较大的是低层次务工人员，缺乏产业发展需要的中高端人才，产城融合互动的机制无法真正形成。人才缺乏的原因包括：产业发展能级不高，难以吸引高端人才；一些园区远离城市，许多基础设施不配套，致使中心城区人才不愿向郊区主动转移。

（四）重建设，轻规划

由于种种因素的影响，过去在工业化过程中突出强调工业的集聚和土地利用的统一，产业园区规划和城市规划往往是割裂的，呈现"边建设边规划"的倾向。在规划产业园区时，过分强调产业的集聚和规模效应，偏重"单一的生产型园区经济"和"土地的城镇化"，缺乏城市功能和人口的支撑。按产业生态学一般原理，一个城市的主导产业、优势产业、基础产业等应相互协调，技术密集型企业、资本密集型企业、劳动密集型企业应有机共存。重庆市部分城市处在产业链与价值链低端的产业过多，高新技术产业太少，产业协调度制约了城市经济的发展和城市功能的培育。同时，一些产业园区在建设初期过分强调产业的集中和企业的入驻，往往根据引进企业来决定园区规模和发展方向，存在"规划跟着企业产业走"的现象，即按照企业的需求进行相关设施的建设，忽视了城市功能的整体规划和配套。

（五）重目标，轻考核

政府的管理体制机制是影响产城融合的关键因素。从总体上看，目前重庆市尚未形成与五大功能区域发展战略相适应并促进产城融合的评价指标和考核体系。重庆市一些区县在推进城市新区和园区建设中更重经济效益、企业效益，轻社会效益、人文效益，重眼前利益，轻长远发展，一些区县在园区规划、土地供应、项目建设、招商引资、资源分配、行政服务、社会宣传、工作考核等方面缺乏针对性措施，没有形成共同推进的合力，以致一些城市新区和园区发展缺乏可持续性和科学性。与此同时，重庆市还没有形成科学的考核依据，对区县缺乏约束力，有的区县把产城融合高高举起、轻轻放下，实际行动中较整体利益而重个人利益。市与区县两级政府的联动机制还不健全，在区域间基础设施互联互通、产业差异化发展、生态环境保护等方面，还需要强化市级层面的指导和协调作用。另外，政府机构设置不尽合理，部门职责交叉、权责脱节，行政运行和管理制度不健全、效率不高等问题影响了产城融合的推进。例如，产业园区在进行土地规划上没有权力，无法在用地布局上考虑与城市的配套和衔接，难以建设具有复合功能的新型产业园区。

三、主要挑战

毋庸置疑，重庆市产城融合发展过程中面临着一系列的挑战。经过长期的研究与分析，我们归纳为以下 5 个方面的挑战。

（一）发展失衡的困境

重庆市地处我国西南部，地貌以丘陵、山地为主，其中山地占 76%，故重庆有"山城"之称。全市适宜开发工业化、城镇化的区域约占 1/3。正是因为受这种地理条件的制约，区域交通的发展十分不平衡，渝东南、渝东北地区城镇辐射力较低，相对而言，城镇化的发展就很滞后。城镇基础设施先天条件不足，人均设施拥有量仍然低于全国平均水平，对产城融合的推动力相对有限。城市建设成本高，是平原城市的 2～3 倍。正是由于地理条件的限制，加上相对落后的基础设施，城乡区域发展失衡的问题在重庆市产城融合的过程中尤为突出。越是基础条件差的区县，往往经济越落后，实现产城融合就越困难。

（二）转型升级的压力

由于在起步阶段没有产城同步规划、同步建设，多数产业园区虽然有超前的基础设施建设，但缺乏城市功能的规划配套及城市氛围；一些新城在快速扩张过程中虽然注重城市功能的配套，但缺乏产业的支撑，导致大量房地产空置。产业园区和城市新区都面临着转型的挑战，以及转型过程中会出现的难题及困境。例如，已建成的城市新区面临布局什么产业、产业布局在何处、新布局产业能否成为城市支撑等难题；已建成的产业园区则面临如何增添城市功能区、体现城市功能的基础设施布局在何处、产业园区能否吸引人员居住等困境。调研发现，多数区县对于园区产业转型升级信心不足、手段不多，具体主要集中在以下3个方面。

1）早期引进的产业中有一定污染或与人居环境矛盾较大的企业外迁难，对产业结构调整和配套设施建设产生直接影响。

2）部分企业由于自身经营压力等因素，对技术改造和转型升级的积极性不高或无能为力，难以引进先进技术和优秀人才，从而影响整个园区产业升级。

3）由于配套性差等因素，难以引进新兴产业、高端产业和高端人才，且面临区域之间同行竞争的问题。例如，作为工业化城镇化主战场的城市发展新区，在能够吸引留住高端产业和人才的基础条件、城市功能、配套服务等方面还不具备优势，有的区县甚至还不具备基础条件。

（三）聚集人口的挑战

城镇化的本质是人的市民化，人口的数量和质量是一个城市不断发展壮大的重要资源。事实证明，多年的人口净流出及明显的老龄化一定程度上会阻碍经济的发展。产城融合的根本目的，是要将城市和园区变成宜业宜居的区域，变成吸引人居住、留住人就业的地方。一般而言，新城区人口的来源主要有以下3个渠道。

1）农民工、被征地农民等通过户籍转移方式变为新市民。

2）产业发展起来后，吸纳外地人口迁移或产业工人常住等方式成为新区人口。

3）老城区人口通过购房等形式转变为新区人口。

当前新区人气难以聚集的原因包括以下几个方面：有的人买不起商品房，有的人不愿意转户口，有的人对新区环境担忧，有的人因工作或生活不方便、子女读书问题无法解决而不考虑在新区居住等。在城市间竞争加剧的背景下，如何聚集人口成为新城区需要解决的重要问题。

（四）投融资难的加剧

从总体看，重庆市多数区县新城区的基础设施建设主要依赖土地财政和土地资源的撬动作用。当前，受征地成本增加、土地指标趋紧、国家规范投融资平台等因素影响，政府债务承担能力有限与城镇化建设需要庞大资金之间的矛盾越发突出。不少区县需要通过增减挂钩方式解决建设用地来源问题。用地成本增大，也加剧了一些区县的资金压力。调研发现，不少区县一方面政府性债务比较重，还款压力大；另一方面受国家土地指标限制，融资能力减弱，城镇化建设资金来源吃紧，城市公共服务配套设施建设难以保障。而且，许多城市新区过去是依托产业园区建设而发展的，各地在"大招商、招大商"过程中，由于急于引进项目，一些地区完全按照企业需要来供地，先期进入的企业占用了大量的土地资源，占而不用闲置浪费土地现象严重，导致一些已经建成或基本建成的城市新区出现了产业发展与城市扩展严重不匹配的现象，而重新按照产城融合思路进行调整优化，保障城市功能项目所需的土地指标，压缩削减企业占用的闲置土地或搬迁一些企业，无形中又增加了建设成本。

（五）社区治理的博弈

从市场经济和工业化、城镇化的发展看，我国已经进入以城市市民为主体的社会。在市场经济和城镇化的推动下，一方面，就业单位不再一成不变；另一方面，大量农村劳动力进入城市，形成了颇具规模的城市人群，人的流动频率越来越高。在新的历史背景下，社区作为人们较为稳定的生活起居的地方，客观上成为城市管理的新载体。城镇化发展需要创新城市社区治理模式，由原来单一的政府治理体系转向多元化、多方式、多主体的社区治理模式。在推进城镇化过程中，征地政策调整、安置政策变化等原因导致新老被征地农转非人员对政策的不理解，上访次数不断增多；新进入城区的人口素质、文化、价值观、人生观、生活习俗等差异较大，相互之间的磨合、认同需要较长时期，城区与工业园区分割管理等问题也给城市新区的管理带来诸多挑战。调研中，不少基层反映，征地农转非集中安置小区将是城市管理中的一大难题，是影响社会和谐的不稳定因素之一。这也反映出新城发展中社会管理和相关配套制度建设的巨大压力。而这种治理体系的形成是一个长期的、复杂的过程。

第二节　重庆市产城融合发展的模式及政策体系

按照都市功能核心区和拓展区、城市发展新区、生态涵养发展区和生态保护发展区 3

个板块，分别构建产城融合模型及评价指标体系，提出政策支持的重点和方向。

（一）板块一：市场机制与服务经济共融

1. 机制模型方面

在机制模型上，市场机制的作用发挥得更充分，内在能量的释放效应更强烈，产业升级劳动城市功能提升将是主导。产业集群作为介于市场和企业之间的一种中间组织，具有单纯市场组织形式和企业组织形式没有的优势，但由于拥挤效应、信息不对称、负外部性及路径依赖和技术锁定等因素，产业集群的成长过程中存在"市场失灵"的现象。在产业集群的成长过程中，靠市场这只"无形之手"自动地调节着集群的最优边界，同时靠政府这只"看得见的手"来弥补"市场失灵"。政府介入的方式和干预的程度主要取决于市场经济的发展程度。都市功能核心区和拓展区市场化程度高，发挥市场配置资源的决定性作用更有基础和条件。高端要素集聚、辐射作用强大、具有全国性影响的大都市中心区的打造应该建立在以建设国家中心城市的目标为重点的基础上，并围绕这个目标开展都市功能拓展区与都市功能核心区协同融合的推动工作。都市功能核心区的现代服务业升级应加快速度，尽力把高端要素聚拢过来，国际商务、金融服务及高端商贸必须作为重中之重发展。与此同时，为了促进非核心功能有序向外疏解，从而使城市精细化管理水平不断提高，传承保护与开发旧城文化的工作也要稳步推进，把历史文化名城、美丽山水城市、智慧城市风貌集中展现出来作为工作重点，同时做好完善城市空间优化和功能的工作。都市功能拓展区对战略性新兴产业集聚发展有加速作用，只有把人口、产业、交通、市政配套和公共服务的统筹工作配合好，让重点功能组团开发不断加速，城市空间才能有序拓展和优化。

2. 支撑板块方面

在支撑板块上，重在优化各商业商务集聚区及国家级产业开发区布局和功能提升。商业中心区是承载商品流、信息流、物流和资金价值流的空间载体，是一个城市或一定区域内集约化程度最高的地区，区域内商业资源富集，是城市中以服务业为主的最高级的产业形态。

1）都市功能核心区应加快 CBD 建设，努力打造成为总部经济集聚、国际商务交流、高尚生活服务功能集聚区和国际化都市风貌展示区；推进商业商务集聚区提档升级一批、完善功能一批、启动建设一批，包括渝中区大坪商圈、化龙桥国际商务区、江北区观音桥商圈、沙坪坝区三峡广场商圈、西永组团商务集聚区、南岸区南坪商圈、茶园商圈、九龙坡区杨家坪商圈、石桥铺数码集聚区、九龙半岛商务集聚区、陶家商圈、大渡口区九宫庙商圈、渝北区嘉州商圈、两路空港商圈、中央公园商务集聚区、巴南区李家沱商圈、龙洲湾商圈、北碚区缙云商圈、蔡家商圈、两江新区金州都市商业区、礼嘉国际商务旅游区等。

2）都市功能拓展区是国家中心城市的拓展建设区域。未来几年，重庆市主城建成区将达到1188平方千米，几乎所有的待开发用地集中于此，是未来新增城市人口的重要集聚区，也是先进制造业集聚区，还是教育科研及商贸物流、会展等生产性服务业的集中布局区。都市功能拓展区集中了重庆市一批国家级开发开放平台，如两江新区、两个保税（港）区、国家级经济开发区和高新区等，是全市内陆开放高地建设的主战场。

3）加大力度支持两江新区做大做强，加快发展先进制造业和现代服务业，建设创新创业集聚区，强化开放门户功能，真正建成现代产业与现代城市有机融合的现代都市新区。

4）把西部、南部板块培育成为新的增长极，依托重庆市高新区、西永综合保税区和大学城，打造高技术产业基地，依托重庆市经济开发区、公路物流基地等，建设宜居宜业新城区。

3. 政策配套方面

在政策配套上，应高起点规划区域产业要素与生活要素配置，重在高端功能打造、城市人文塑造和城市环境再造。在高端功能打造上，应着力发展构成重庆市未来产业发展动力支撑的战略性新兴产业、现代服务业，发展服务经济新模式、新业态，注重产业之间的融合发展，注重信息技术的不断融入。

都市功能核心区应向以服务经济为主，电子商务、研发设计、金融保险、高端商务、精品商贸、文化创意等现代服务业和都市楼宇工业聚焦的商业区转换，既增强CBD、商务集聚区等硬件的支撑能力，又推动离岸金融、电子商务、服务贸易等领域的改革创新，集聚更多国际国内高端要素。都市功能拓展区应主要发展资源消耗低、环境污染少、附加值高的高新技术产业和生产性服务业，布局总装、总成、总部类工业项目和高端服务业，以两江新区为龙头，打造以网络终端产品和汽车产业为重点的先进制造业集群、国家级云计算中心和大数据服务基地。把优质创新资源集中推向高新区和经济开发、两江新区、大学城、西永综合保税区及战略性新兴产业等重点区域，这是工作重点，必须引起足够的重视。除此之外，要加快建设有影响力的企业研发创新心中和技术中心等，尽快扶持培育出一批竞争力和实力都比较强的创新型企业。

应注重区域功能配置与中心功能的融合。加强总部经济基地建设，大力吸引多功能多层次的跨国公司和总部集聚，增强对外控制力和影响力。突出平台经济建设，掌控资源的流动、交易、组合和配置，构成区域性经济中心、贸易中心功能深化的重要支撑。突出金融功能的深化发展，加强金融创新，充分发挥对全国乃至对全球资本、资源的调动和控制作用。密切关注国家自主创新示范区一系列鼓励创新发展的先行先试政策，加强与相关政策适用性的衔接。在城市人文塑造上，要特别注重文化功能的塑造，致力于构建多元、互动、健康、体验式的文化空间，满足人们不断提升的精神文化需求。

都市核心功能区在发展上应注意以下 3 点。

1）向区外迁移或延伸教育、医疗等公共服务资源的进度要加快，必要时可制定措施加速推进，使都市功能核心区的交通和人口承载压力得到缓解。

2）对一批特色街区、老旧社区、传统风貌区进行重新建设和改造，充分利用"两江四岸"景观资源，以提升城市形象。

3）加快智慧城区、和谐社区的建设步伐，重视城市精细化管理水平的提高。

生活要素配置应与园区就业居住的高科技人员、专业性服务人员相匹配，高起点规划建设居住功能、商业功能、会展功能、娱乐休闲功能、公共服务功能及各种配套服务功能。对中梁山、缙云山、明月山、铜锣山等生态屏障及长江、嘉陵江水域生态廊道必须加大保护力度，不断加强防治大气污染的力度。耕地、湿地、林地、建设用地和未利用地的空间集聚要继续强化，争取能让城市内外绿地连接贯通早日实现。都市功能拓展区应加快商业服务功能提升的速度，优化生活、教育、医疗等配套环境。社区公共服务功能和平安建设要不断加强，道路交通基础设施也要优化完善，这样才能有效解决区内"微循环"和同外部区域的交通联系，促进城市功能均衡发展和优化升级。

（二）板块二：外部力量注入与内部资源要素匹配

1. 机制模型方面

在机制模型上，外部力量（如资本、技术、人才等要素）的注入与内部土地等要素与之相适应、相匹配更关键，产业发展与城市拓展需同步推进。资源要素有序流动，对城镇集群产业分工的形成和发展具有重要作用，也是城市间实现分工利益的基础和动力。各城市根据自身发展条件，理性地选择所要引入的要素，促进特色发展、差异发展，这既会改善城镇集群整体发展环境，又会促进城市之间产业的合理分工。按照"全市未来工业化、城镇化的主战场，集聚新增产业和人口的重要区域，全市重要的制造业基地，工业化、信息化、城镇化和农业现代化同步发展示范区及川渝、渝黔区域合作共赢先行区"等功能定位，城市发展应坚持城镇发展与产业发展并重并举，着力推动"四化融合"发展，实现城市建设与产业发展的均衡协调、基础设施与公共服务的配套完善、发展新区与周边区域的联动融合，建设产城融合、绿色低碳、布局优化、集聚能力强的重要功能组团，成为全市重要的新增产业和人口集聚区。

2. 支撑板块方面

在支撑板块上，加强新城与产业园区的联动发展，使产业园区成为新城产业功能的核心支撑，并实现两者在空间布局上的优化整合。从国内外经验看，园区是产业集群发展的最佳场所，城市也有赖于园区成为"第二城区"。工业园区发展应定位于建设具有集聚效应的特色工业园区，以此增强产业的关联性，进而在企业间形成专业化的分工与协作，在信任与承诺的基础上，在彼此之间建立起非正式联盟，同时以关联企业的竞争与合作进一步推进园区内企业的创新，直到产业发展的"自强化机制"形成。对某一模式进行照搬绝对不是产业园区发展的最佳方案，引导和扶持产业园区应以区域内已有的产业集聚基础或者可能形成的产业集群作为依据，只有这样才能使产业园区进一步发展和壮大。

在形成方式上，中小企业"抱团成堆"可以形成工业园区，为大企业提供配套服务而形成的共生圈也可以形成工业园区。在功能类型上，工业园区可以是像浙江台州新河镇的帽业生产加工中心这种专门的生产企业的集群，也可以是像浙江义乌的小商品市场这种的以销售或贸易为中心的产业集群，或者可以是像意大利普拉托毛纺企业集群这种以集中生产、销售、研究及人才、信息、资本等为支撑要素的中小企业集群。由此可以看出工业园区的形成和功能是多样的，并不局限为一种，在建设工业园区的过程中应努力做到以下几点：以产业集群为中心，力推集群式招商，加速上、中、下游产业联动或垂直整合一体化的推进动作，形成裂变效应；切实抓好征地动迁"七通一平"工作，做好标准厂房和员工宿舍建设配套；集中思维，做好劳动力供应，做到招得来员工，留得住员工，使新员工跟得上；认真抓好物流建设，保障企业原材料、零部件、产成品货畅其流，降低物流成本；全力抓好投融资工作，积极开展融通租赁、生产性服务、功能性业务，为企业营运提供服务。

3. 政策配套方面

在政策配套上，重在吸引战略性支柱产业，促进产业与城市同步发展，推动区域与周边联动。

1）在战略产业培育上，像电子信息、汽车、化工、装备这些有优势的产业，应加大改造提升的力度；高端交通装备、生物医药、环保产业、机器人及智能装备、页岩气、异氰酸酯及化工新材料等战略性新兴产业要加大发展力度；若干产业链条完善、规模效应明显、核心竞争力突出、支撑作用强大的产业集群的形成要再加速。

2）应充分依托新区的成本和环境优势，积极吸引中心城区现代服务业的转移，加快现代商贸、餐饮酒店、旅游会展、专业中介、教育培训、健康医疗等现代服务业的发展速度，积极发展与新城产业特色相适应的总部经济和生产性服务业，鼓励新城积极开展服务业、科技创新、教育医疗等改革试点，提升服务业发展等级和水平。

3）进一步完善创新创业服务配套，强化科技政策与产业政策、财税政策的协同，营造促进产业创新发展的环境。

4）为促进产业与城市同步发展，要坚持城市群建设理念，科学有效地配置城市空间布局，积极对原来低密度扩张的粗放型发展模式做出改变，充分利用城市空间，集聚人口、产业和完善城市的综合服务功能，建设一批组团式、人与自然和谐共生的产业集聚区。

5）注重人性化设计，处处体现"以人为本"，保护和强化步行系统，建造舒适整洁、兼具休闲和娱乐功能、让城市焕发活力的街道和广场，将新城建设成为用地集约、生态宜居的现代化城市。坚持节约、集约用地，不大规模新增城市建设用地。

6）进一步完善公共服务设施配套，按照现代化大城市要求配置公共服务资源，着力引导市级优质医疗、教育、文化、体育设施向新城延伸。

7）加大对大娄山、华蓥山等生态屏障的保护力度，加强农村面源污染和整治河流湖库污染的防治措施，为山水田园错落相间、人与自然和谐共生打下良好的基础。

8）推动区域与周边联动，重在加强新城与中心城区及周边城市交通联系，形成以高速公路和轨道交通为主的对外交通网络。以物流流向、交通线走向、流域关系等为主线，加强各组团产业关联度和融合度，加强涪陵、铜梁、永川、长寿等城区的带动作用。国家应对璧山城区、合川区合阳—草街、江津区几江—双福等板块与大都市中心区发展融合的决定给予支持。同时，不断推进川渝的合作进度，加大成渝城市群的建设力度。

（三）板块三：修身养性与生态保护互促

1．机制模型方面

在机制模型上，市场作用发挥有限与失灵并存，经营好内部资源、修身养性就显得很重要。渝东北、渝东南地区的首要任务就是生态涵养与生态保护。这两项任务都旨在加大力度做好生态环境保护工作，提供生态产品，发展生态经济，实行"面上保护、点上开发"。不同之处：生态涵养，三峡库区水源涵养是重点，其主要任务是保护好三峡库区的绿水青山，承担起保护长江上游重要生态屏障的责任；生态保护，结合生态环境更为脆弱和敏感的特点，以减少人为扰动为重点，增强生态的自我修复能力。

渝东北、渝东南地区应按照"国家重点生态功能区和农产品主产区，长江流域重要生态屏障和长江上游特色经济走廊，长江三峡国际黄金旅游带和特色资源加工地""重要生物多样性保护区，武陵山绿色经济发展高地、重要生态屏障、民俗文化生态旅游和扶贫开发示范区"等功能定位，着力处理经济发展与生态保护的关系，使产业和城市发展适应绿色低碳的要求；着力处理产业发展与城市发展的关系，使产业与城市发展和谐有序；统筹协调发展的体制与机制，使多方主体的利益共享早日实现。渝东北生态涵养发展区应将生态涵养和生态屏障功能凸显出来，早日解决基础设施瓶颈制约问题，加大力度发展特色工业和现代特色效益农业，在特色产业集群培育、新型城镇化推进、城乡发展统筹等方面积极努力，争取有新的进展，打造沿江特色经济带和长江三峡国际黄金旅游带。渝东南生态保护发展区应将生态保护和生态修复功能凸显出来，加强扶贫开发力度，紧跟民族地区发展的步伐，提升基本公共服务水平，不断加强基础设施和公共服务设施建设。

2. 支撑板块方面

在支撑板块上，加速推进重点城镇、区县城和特色旅游开发区、特色工业园区，以及特色农业示范基地的建设，争取早日实现"面上保护、点上开发"和产城融合发展。

渝东北地区应加快"万开云"板块一体化协同发展的推进速度，互联互通进一步强化，资源要素进一步整合，体制机制不断创新，统筹协调联动，形成发展合力，成为支撑渝东北生态涵养发展区乃至更大区域经济社会发展的重要支柱；加速推进垫江、城口、忠县、巫山、丰都、梁平、奉节、巫溪等县城及特色工业园区开发建设，不断加强生态产品供给能力，以破除基础设施瓶颈的制约。

渝东南黔江区开发建设进度要再加快，强化秀山县武陵山区省际贸易中心功能，依托乌江及渝怀铁路、渝利铁路、渝湘高速公路等的武隆、酉阳、石柱、彭水等地区的交通通道要联动起来，形成以民族文化、生态旅游为重点的渝东南生态经济走廊，加强武陵山区周边地区的辐射带动作用。尤其需要融入区域发展大局，依托原来发展基础，确立适合产城融合的新功能定位，并对产业区重新进行系统规划布局，合理配置产业、居住、商务、交通、生态等服务功能。

3. 政策配套方面

在政策配套上，以生态产业发展、生态涵养保护、减人减载为重点，促进生态产业发展。

渝东北地区以市级特色工业园区、现代农业示范区和万州经济开发区及精品旅游景区为依托，把茶叶、中药材、柑橘、榨菜、生态渔业、草食牲畜等具有特色效益的农业产业链集中到一起，发展生态、人文和养老休闲旅游业，承接发展电子配套、机械加工、纺织服装、特色轻工、绿色食品、中药材加工、清洁能源等特色产业，保障第一产业、第二产业、第三产业融合发展。

渝东南地区以国家级旅游度假区、市级特色工业园区及现代农业示范区为依托，加大生态民俗文化旅游业的发展力度。同时，注重养老休闲旅游业、乡村旅游业等新兴产业的培育，茶叶、生态渔业、中药材、调味品、高山蔬菜、草食牲畜等山地特色农业产业全链式发展，配套发展纺织服装、特色轻工、绿色食品、中药材加工、清洁能源等特色资源加工产业。促进生态保护，有关生态空间的管控应做好规划和具体的编制，划定城市开发边界，统筹协调城镇发展空间与生态保护红线、基本农田保护线。长江防护林及天然林保护、退耕还林、水污染防治、水土流失治理、湿地保护、农村面源污染防治、消落区综合治理、河道绿化缓冲带建设等工程不容忽视，并且要加大实施力度，地质灾害的防治力度也要再加强。积极对渝东北、渝东南两个生态发展区与大都市区之间及流域上下游之间的横向生态发展问题进行探索，并尽快建立补偿机制，鼓励上下游地区商定跨界断面水质目标和核定补偿标准。促进人口分布与产业布局、资源环境相协调。重在深化户籍制度改革，完善人口配套政策。人口迁出政策要积极灵活，增强劳动力跨区域转移就业的能力，对超载人口向所在地县城、万州、黔江、都市功能拓展区和城市发展新区梯度的转移工作进行积极引导。

第三节　促进重庆市产城融合发展的对策

经过长期的研究与分析，我们对促进重庆市产城融合发展的对策归纳为以下 10 个方面。

一、强化规划引导，促进城镇规划、产业布局和人口分布的有机结合

规划是城市科学发展、推进产城融合的前提。

1）应充分发挥规划的先导和引导作用，积极吸纳和运用国内外关于产城融合的先进理念和实践经验，把旧城改造、新城拓展与园区改善有机结合起来，在改造中升级产城融合，在拓展中促进产城融合，在改善中增进产城融合，促进城镇建设、产业发展、人口梯次转移、要素配置和公共服务相协调。

2）加大各区县城区发展规划调整的力度，争取产业互补、产城融合、协调发展的新格局早日落实。大力推进"多规合一"，制定城市总体规划中的发展备用地与土地利用总体规划的协调机制，促进城乡建设、产业布局、土地利用、生态保护等在空间布局、时序安排上的协调。尤其需要注意以下 4 点。

① 功能规划的先导性。在规划之初，就要全面融入产城融合的理念，真正使其成为区域发展的导向性思路。

② 空间规划的合理性。根据区域发展基础和主导产业特性，选择适宜的产城融合模式，在区域空间布局中合理安排产业用地与生活用地，形成既相对独立又融合一体的区域空间肌理。

③ 专项规划的支撑性。产业规划重在选择并鼓励发展适宜产城融合的低能耗、高附加值的高端产业链环节；交通规划重在构建内通外达的道路框架体系，既重视与外部区域的连通对接，又注重区域内部小系统的微循环。

④ 城市设计的人本性。人是产城融合的核心要素，城市设计的根本出发点应该是满足人的需求，建设高效便捷的智能化服务平台，布置的公共活动空间应该便于交流沟通，应用提升安全系数的安全对策技术，设计提升人文品位的精致小品，布局提升环境质量的园林绿化等。

二、强化城市体系构建，一体化建设现代化大都市区和渝东北、渝东南城镇群

1）着眼于促进城市空间布局更加科学合理，加强城市集群内各城市之间、城市集群与周边城市集群、国际大市场的协调，积极推动中心城市的发展，充分发挥中心城市的作用，这样才能促进中心城市与经济腹地协调发展，从而使城镇集群与周边地区的合作更加深入。

2）应以山水、田园、绿带等生态空间为基础，以主要交通廊道为发展轴带，加速推进都市功能核心区、城市发展新区、都市功能拓展区一体化，同时进行现代化大都市区的建设。值得注意的是，构建的城市空间载体应该能匹配直辖市体制、国家中心城市功能、超大城市规模。

3）各区县城，沿长江、乌江及主要交通干线是渝东北生态涵养发展区和渝东南生态保护发展区的主要依托，所以分布一定要合理，尤其是城镇空间格局要重点凸显出来，充分发挥"万开云"板块同城化、一体化建设的带头作用，重点推动其向前发展。

4）分区域、差别化培育生产生活生态相融、"一镇一业"特色分明的新型特色小镇。在都市功能核心区重点建设一批具有文化创意、特色风貌的街区。在都市功能拓展区重点发展一批服务小镇、创新小镇、文化小镇。城市发展新区则应该把特色工业小镇、城郊旅游小镇作为重点建设和发展的对象。

5）渝东北生态涵养发展区和渝东南生态保护发展区，可与人口梯度转移和高山生

态扶贫搬迁相结合，把一批旅游小镇、民俗文化小镇、电商小镇等作为重点扶持发展的对象。

三、强化基础设施互联互通，健全基础设施规划、建设和运营管理一体化机制

1）为产城融合加快发展奠定良好的基础。针对基础设施一体化建设面临行政管理障碍、综合性基础设施规划缺乏、基础设施共建共享机制不健全等问题，强化市域统筹，以交通一体化为先导，以枢纽型、功能性、网络化的重大基础设施建设为重点，依托科技创新和管理创新，突破行政界限，统筹规划布局，整合各类资源，健全基础设施规划、建设和运营管理的体制机制，构建的现代基础设施必须是能顺畅衔接、高效运行的一体化体系。

2）坚持区域大通道规划由市级主导，重大基础设施规划由市级统筹编制，不断加强区县基础设施规划与市级规划的无缝接驳，将基础设施"最后一公里"问题落到实处。

3）建立分级储备、动态更新的基础设施项目库，统筹项目建设时序和建设标准，统筹协调多式联运，统筹调度中央、市级和区县基础设施类建设资金。不断强化基础设施运营管理全市统筹，加快一体化综合交通信息平台的建设进度，研究推行大都市区公共交通一体化运营结算机制，规范远郊区县与主城之间的通信收费，加强乡村旅游服务网络、农村邮政设施和宽带建设。

四、强化城市功能培育，实现功能和空间融合的统筹发展

随着城市的产业分工深化与专业化，以及产业空间的演化与重组，推动各城市形成具有互补性质的城市主导产业和城市功能定位，强化中心城市的极核作用和对周边地区的辐射带动功能，优化配置区域资源，实现城市间的优势互补、资源共享、互利互惠、协调发展，提高核心竞争力。

1）进一步优化城市功能设施布局，统筹建设各功能区域公共服务、市政及商业网点等城市功能设施。

2）以都市功能核心区有关人口疏解的要求为依据，做好学校、医院等向都市功能拓展区、城市发展新区的转移工作。把大型人口集聚区布局作为重点，在都市功能拓展区建设一批优质中小学、市级综合医院、大型文化设施和体育场馆，加快城市"10分钟社区生活服务圈"和"20分钟街道公共服务圈"的建设速度。

3）顺应城市发展新区城镇常住人口增长趋势，新老城区公共服务资源要统筹均衡配

置，与人口转移趋势相适应，要对渝东北生态涵养发展区及渝东南生态保护发展区的高等院校、职业教育和大型医院等社会公共设施的布局进行分类优化，让区县城市的市政设施配套更健全，社区生活设施的布局更加完善。

五、强化产业集群发展，抓好集群式、链条式招商

1）坚持以价值链为导向的产业高端化、集群化发展，以自主创新为动力，推动先进制造业与现代服务业协同发展，建设现代产业体系，加快城市发展由分散拓展向规模集聚转型、由粗放制造向集成创新转型、由高耗能高排放向绿色清洁转型。

2）加强集群式、链条式招商。今后，重庆市应坚定走集群式招商的路子，积极做好各区县以区域功能为依据进行定位的引导工作，紧紧围绕十大战略性新兴制造业、十大战略性新兴服务业、"6+1"传统优势产业和七大特色农业产业链，争取上中下游产业联合启动或垂直整合一体化早日实现，产生杠杆效应，努力形成核心竞争力。

3）建立招商引资利益分享机制及协作机制，鼓励区县和企业开展集团式、链条式的联合招商、互荐招商。对于条件不错的区县，鼓励它们开展合作建园。不断强化产业空间布局的市级调控，严格执行产业禁投清单，积极推进各区域产业的有序落地。

4）建立市级招商引资协调联席会议制度，对区县间的招商引资行为进行协调。为了防止新的无效供给和低端供给形成，加大对招商引资行为的监控力度。通过严格执行税收基数划转等政策，促进区县间产业合理布局。

六、强化人口转户激励，加速人口集聚与合理分布

引导人口合理流动，是资源要素有序流动的重要体现。

1）重庆市应继续实行积极的人口迁移政策，按照"就业—安居—定居"模式，引导外出务工人员回乡创业就业，引导人口从农村—小城镇—中小城市—大城市—特大城市进行梯度转移，引导人口从渝东北、渝东南有序向都市功能拓展区和城市发展新区转移，保证城镇集群人口合理流动新格局的形成，共同促进城镇集群资源要素合理集聚。

2）对都市功能核心区与都市功能拓展区落户条件进行调整优化，逐渐放开城市发展新区城区落户限制及中心镇落户限制。

3）建立并不断完善人力资源数据库，不断强化大都市区与大生态区之间的人力资源供需。搭建企业对口招工平台，早日落实定向招工补助政策，对渝东北生态涵养发展区和渝东南生态保护发展区超载人口向都市功能拓展区和城市发展新区的有序转移进行积极引导。

4）不断强化转移人口权益保障，为转移人口提供户口迁移、社会保险转接等便捷服务。出台相关政策保障随迁子女平等享有受教育的权利及基本医疗服务。建立人口转移与建设用地和财政转移支付挂钩机制。

七、强化开放平台支撑，增强产业集群和城市集群配置国内外资源要素的能力

由于全球创新体系是开放的，与产业价值体系相融合，创新要素跨区域和全球流动成为必然。

1）为了使地方产业集群的生命力更持久，必须与全球产业链、世界大市场相结合发展产业集群，融入全球产业价值链体系，抢占全球价值链的高附加值环节。

2）抓住并利用好国家"一带一路"倡议和长江经济带建设这一重大机遇，坚持"引进来"与"走出去"并举，加速推进产业集群融入全球产业价值链体系的工作，提升都市功能核心区和拓展区开放引领功能，不断强化城市发展新区的开放支撑能力，继续拓展渝东北生态涵养发展区和渝东南生态保护发展区对外开放空间。

3）着力构建覆盖全市的对外开放平台体系，把"三个三合一"开放平台功能作为重点，并充分发挥平台作用；高标准实施中新（重庆）战略性互联互通示范项目，加快建设国家跨境电子商务综合试验区、服务贸易创新发展试点城市、临空经济示范区等，不断完善国家级高新区、经济开发区、区县特色工业园区的开放功能等，积极探索并完善与重庆全域开放和新型业态发展相适应的海关和检验检疫监管措施。

4）加快构建内陆开放型经济体系，大力发展内陆加工贸易，着力提升一般贸易发展水平，逐步将总部贸易、转口贸易占比提升到25%以上。大力发展服务贸易，加快发展跨境电子商务、保税商品展示交易、保税贸易、云计算大数据处理、跨境结算等新业务。大力引导外资广泛布局研发、设计、生产、销售、结算等价值链全流程业务，促进外商投资企业引进先进技术和高端人才。

5）积极推进与加深川渝地区间的合作，着力推动成渝城市群建设。建立渝东北与鄂、川、陕区域协作的新通道，积极开展秦巴山集中连片扶贫示范区合作。构建渝、湘、黔、鄂区域协作大通道，深化武陵山集中连片扶贫示范区合作。

八、强化资源要素整合，创新资金、土地等保障机制

从本质上看，劳动力、资本、信息、技术等要素具有按照收益最大化原则选择流动方向的内在动力。

1）对市级重点项目储备的建立给予重视，推进考核机制，使各功能区域的首要任

务、优势产业和关键领域凸显出来。选择市级重点建设项目及市级重点前期项目时，分区域定向筛选，并与要求相符；整合土地、财政及资本等各类要素，提升资源配置效率。

2）选择重点产业园区、特色小镇、城市片区等时应注意差异化，对小城镇投融资模式创新等试点示范的开展进行积极的探索，推进资源要素配置形成合力。

3）创新多元化投融资机制，加强科技金融创新，完善科技投融资体系，拓宽企业投融资渠道，充分利用置换等方式筹集投资开发建设资金。

4）建设用地供给实行差别化分类保障，在安排和计划新增建设用地时，要优先保障民生类、公益类和国家、市级重大建设项目，城市发展新区、都市功能拓展区建设用地供给，以及渝东北生态涵养发展区、渝东南生态保护发展区"点上开发"用地也要有所保障。

5）拓展用地空间，确保符合产业、环保、投入产出的工业用地项目落地。提高工业用地容积率。加快已批地的利用和闲置土地的处置。综合运用国家计划指标、地票、增减挂钩、低丘浅坡土地开发利用等政策，加大年度土地利用计划保障力度。减少对生产要素的行政性配置和行政干预，健全要素供给服务体系。完善对非公经济融资担保、创业辅导、市场开拓等服务平台，注重培育成长型中小企业，大力发展混合所有制经济，着力打造低成本营商环境。

九、强化社区治理，巩固促进社会和谐基础

社区是产城融合最基本的管理单元。

1）对新形势下的社会管理模式和社区治理制度进行积极的探索。不断完善新型网格式社区治理结构，充分调动社会管理中各类组织的积极作用，共同促进城市新区社会管理水平的提升。

2）为了切实保障农民失地不失业、生活水平不下降，必须对失地农民的多种就业方式进行积极的探索。以新城产业基地开发建设为依托，大力发展集体经济或非公经济。

3）面对城市人口、流动人口、产业工人、征地农转非人员和老年人口激增态势，形成科学的研判机制。及早预防、主动应对，千方百计做好服务和管理工作。

4）为了处理好社会管理中的体制机制、基层管理、社会协同、民生服务等问题，必须不断加强动态管理。

5）为了提供安全、祥和的社会环境，让产业健康发展、人民群众安居乐业，建设幸福新区、和谐新区，必须不断加强法治建设，尤其是抓紧社会稳定的维护工作，提高政府应急指挥、日常决策和实战能力，对园区、社区、企业、学校的工作要依法治理，完善应急处理措施，抓紧整合紧急救助系统、基础性共享性资源，建设应急平台。

十、强化区域协调联动，促进全市整体发展

从目前来看，重庆市大多数区县的产城融合仍处于起步阶段。

1）应在充分发挥市场机制作用的基础上，加强对各城市产业分工和城市建设的引导，着力消除无序竞争和市场壁垒，建立有利于各城市间产城融合发展的分工协作、经济整合的体制和运行机制。

2）建立政府部门联动工作机制，健全协调机制，完善责任制、评议考核制和责任追究制，在各开发主体及周边区域管理主体中间做积极的协调。管理体制和推进机制要不断统筹协调，并持续更新，为共同争取重大项目、共同开发重点板块、定期沟通重大事项、共同维护人文环境、统筹建设基础设施的平台的形成做好铺垫，加速发展合力，以便早日实现总体统筹协调。

3）建立常设的、企业化运作的产城融合发展论坛，维系地区间、企业间的沟通交流。以市场的推动力量为依托，在尊重市场规律的前提下，建立市场化机制，这样才能充分发挥市场合理配置资源的作用，不断创新共建共享、多元平衡的利益共享分配机制。

4）对产业布局进行优化，为分工合理、协同紧密的产业发展格局的形成做好铺垫。健全人口流动机制，把渝东北生态涵养发展区及渝东南生态保护发展区的超载人口向都市功能拓展区、城市发展新区的有序转移工作作为重点引导工作。

5）加快推进基本公共服务均等化，抓紧保证基本公共服务设施布局、供给规模与人口分布相适应的工作。对区域环境准入等实行差异化政策和管理。建立区域协作机制，做好区县对口帮扶工作，加大生态效益共享、生态责任共担等方面的市级统筹力度。

6）对土地资源利用协作、劳动力资源有偿输送、区域产业链协同发展等新机制进行积极探索、不断创新。

7）加快大都市区交通一体化和城市运行管理同城化的推进速度，同时加快大都市区产业布局一体化的进程。为切实保障政策的严肃性、协调性，要迅速建立新增政策审查衔接和统筹平衡机制。

参考文献

蔡丽娟，2018. 产城融合视域下的制造业产业集群转型升级研究 [J]．经济研究导刊（5）：26-27.

曹月佳，2018. 如何实现产城融合发展 [J]．国际融资（5）：42-47.

陈晟，2017. 产城融合（城市更新与特色小镇）理论与实践 [M]．北京：中国建筑工业出版社.

重庆市统计局，国家统计局重庆调查总队，2014. 重庆统计年鉴 2014 [M]．北京：中国统计出版社.

重庆市统计局，国家统计局重庆调查总队，2015. 重庆统计年鉴 2015 [M]．北京：中国统计出版社.

董伟，2010. 论城市新产业区及其对城市化进程的影响 [J]．西南民族大学学报（人文社科版），31（4）：151-154.

董增刚，2013. 城市学概论 [M]．北京：北京大学出版社.

段汉明，2012. 城市学：理论·方法·实证 [M]．北京：科学出版社.

傅崇兰，白晨曦，曹文明，等，2009. 中国城市发展史 [M]．北京：社会科学文献出版社.

何一民，2004. 近代中国城市发展与社会变迁 [M]．北京：科学出版社.

李超，2012. 城市功能与组织 [M]．大连：大连理工大学出版社.

李文彬，张昀，2014. 人本主义视角下产城融合的内涵与策略 [J]．规划师（6）：10-16.

刘大伟，2014. 重庆北部新区 EBD 园区可持续发展理论研究 [D]．重庆：重庆大学.

刘林，刘承水，2009. 城市概论 [M]．北京：中国建筑工业出版社.

刘易斯·芒福德，2005. 城市发展史：起源、演变和前景 [M]．宋俊岭，倪文彦，译．北京：中国建筑工业出版社.

刘永萍，王学渊，2014. 城市化与产业结构升级协调发展研究 [J]．齐鲁学刊（2）：101-105.

牛凤瑞，2008. 城市学概论 [M]．北京：中国社会科学出版社.

潘锦云，吴九阳，2016. 产城融合发展模式的形成机理与实现路径：基于提升城镇化质量的视角 [J]．江汉论坛（11）：
    23-29.

祁京梅，2018. "产城融合"是城镇化建设的重要抓手 [J]．财经界（学术版）（4）：1-3.

冉启秀，周兵，2008. 新型工业化和新型城镇化协调发展研究：基于重庆市全国统筹城乡综合配套改革试验区的实证 [J]．
    重庆工商大学学报（西部论坛）（2）：39-45.

芮国强，2017. 产城融合发展：常州实践与特色 [M]．北京：社会科学文献出版社.

宋胜洲，郑春梅，高鹤文，2012. 产业经济学原理 [M]．北京：清华大学出版社.

谭仲池，2006. 城市发展新论 [M]．北京：中国经济出版社.

唐恢一，陆明，2008. 城市学：城市研究的系统科学化 [M]．3 版．哈尔滨：哈尔滨工业大学出版社.

汪海军，2016. 产城融合发展的动力机制研究：以天津滨海新区为例 [D]．天津：天津师范大学.

姚士谋，汤茂林，陈爽，等，2004. 区域与城市发展论 [M]．合肥：中国科学技术大学出版社.

姚懿，2016. 关于产城融合发展战略重点的思考 [J]．现代商业（30）：42-43.

雍娟，2014．中央商务区产城融合规划研究：以重庆解放碑中央商务区为例［D］．重庆：重庆大学．

张文忠，2009．产业发展和规划的理论与实践［M］．北京：科学出版社．

赵运林，2010．城市概论［M］．天津：天津大学出版社．

郑国，2009．城市发展与规划［M］．北京：中国人民大学出版社．

朱铁臻，2010．城市发展学［M］．石家庄：河北教育出版社．

庄林德，张京祥，2002．中国城市发展与建设史［M］．南京：东南大学出版社．